村山正治心理臨床
エッセイ集

私のカウンセラー修行

村山正治
著

誠信書房

はじめに

本書は、村山正治という一人の人間が迷いながら自分自身になっていくプロセスを年代別に記述しているものです。読者の方々にはご自分が関心のある時代から読んでいただくことをお勧めします。また最終章からお読みいただくのも全体が理解しやすくなるかもしれません。

八十八歳になった今でも未来の夢を追いかけている自分がいます。ロジャーズは心理療法の目的を「自分自身になること」と述べています。現代は人類の大転換期であると私は感じています。この時代に私が心理臨床家としてどのように生きようとしているのかを改めて問われていると感じているのです。そこで自分の在り方を振り返り、今後の方向を確かめることが本書の目的です。

したがって、本書は心理療法の方法の著書ではありません。私がロジャーズの思想と実践をテコにして生きてきて、今においても自分の生き方を学んでいるプロセスであることを読んでいただき、みなさん自身の在り方を創っていく参考になれば幸いです。これが本書を書く動機になっています。

若い方々やこれからスクールカウンセラーはじめさまざまな対人援助職を志している方々に本書を読んでいただきたいと思っています。心理療法・カウンセリングが「病んでいる人を治す」仕事ではなく、クライエントさんとの相互関係を生きるなかで、厳しくも楽しい相互学習の場であることを感じ取っていただきたいと思っているからです。

また、若い大学院生がこれから自分の人生と職業選択との関係で悩んでいるときや、どのように実践と研究の生活を送っていくかの選択に迫られ苦悩しているときなどには是非読んでいただきたいです。何かヒントが生まれるかもしれません。

また、大学院には第二、第三の人生を大事に生きようとする中年以上の男女が、生涯の自分のあり方を求めて実践と研究のため、社会人学生として多く入学してこられます。その方々と共に大切なテーマを見つけたり、研究を進めていくプロセスを私も共に生きていることができ、その素晴らしさを体験しています。こういった年齢層の方々に是非読んでいただきたいです。本書にはそのあたりの学習のエピソードが書かれていますのでお読みいただくと、ここにもヒントがあるかもしれません。

領域が違うかもしれませんが、企業人の方々にもお読みいただくと、何か新しい視点が生まれてくるかもしれません。

といいながらも八十八歳の私には、まだまだ、つぎつぎと新しい人生「ビジョン」が浮かび上がってきます。いつか「ビジョンワーク」をみなさんとご一緒にやりながら夢を語り合いたいと思います。

目次

第 1 章

学部生体験

——迷いの森を彷徨した時代から学ぶ

【京都大学教育学部（1954～1958）】

四年間迷いの森の彷徨

京都大学教育学部に哲学をやりたいということで入学しました。何故、哲学かというと、今も私の病気っぽいところですが、「私はどう生きれば良いのか」「世の中や世界はどんな方向に動いていくのか」。そういうことをどうしても考えてちょっと止められない癖があります。そういう傾向は高校時代からあって、哲学がそういう問いを解決してくれるかと思いこんでいました。それで京都大学を受験して1浪して入学しました。ところが困ったことには、結論的にいうと、「哲学っていう学問は私には分からないっていうことが分かった」のです（笑）。いやぁ参ったねぇ、本当に困っちゃったねぇ。大学時代の4年を費やしてやっと出口が見えてきました。大学四年間、授業が面白くないから出席率悪いです。今だったら留年ものですね。単位はなんとか、合格スレスレで取った。皆さん知っている超有名な話上手の河合隼雄先生のロールシャッハなど心理検査法実習の講義すら、当時の私にはなじめませんでした。

すばらしい教師たちとの出会い

魂の彷徨に出口が見つかるのには時間がかかります。私自身の全存在が悩んでいたのです。まずからだの病気になりました。やっぱり生き方が分かんないから。保健センターの医師に相談しました。病名は十二指腸潰瘍でした。先生の投薬とサポートのお陰で手術せず二年後には快癒しました。保健センターの先生は教授で研究者でした。あるとき、私の頭のレントゲン写真を撮られて、「村山さんの脳は皮下脂肪がないからそれがノイローゼの原因じゃないの？」なんて言われた記憶があります。ただ、先生に腹が立たなかったのは、「何とか僕のことを治してやろう」という気持ちが強い先生で、おかげで手術しないで済んだんですね、その気持ちが伝わってきて、元気をもらいました。十二指腸潰瘍、なんとか治りました。そういうようなことで、楽しい学生生活ではありませんでした。でも、ただ遊んでいたわけでもないです。で、やっぱりそういう時はしょうがないから、いろいろやってみました。自分の好きな事をやってみる。まず最低レベルで単位取得。大学の図書館で本を読むこと、大学の中の探検です。

京大には有名な「人文科学研究所」がありました。そこで、ある日「研究生募集、学生でも参加可」という広告を楽友会館で見つけました。これが救いでね。探してみるもんですね。そこへ行ったら、上山春平先生に出会いました。先生が「自分達も研究やってるからあんたも仲間になったら」とそこの研究プロジェクトに入れてもらいました。所属の教育学部の授業には最低限の出席でしたが、研究所の方にちょくちょく出入りしはじめました。私の居場所が見つかった感じでした。今からみると生意気だったんですね。研究所にあこがれていました。なんとこの先生が哲学の先生だった。京大の百万遍周辺には当時は古本屋がたくさんあって、先生と一緒に古本探しを楽しみました。私は先生にいろいろなことを聞いていただきました。ボヤいたのね、「先生、僕、ドイツ語ができなくて哲学科ダメなんですよ」って言ったら「君な、ドイツ語ができなくても、この頃は英語の良い翻訳があるよ」と。これは救いだった。「哲学をやれ」ってさすがに言わなかった。そこが偉い所ですね。その言葉で私はすごく安心した。「そうなんだ、ドイツ語ができなくてもね、英語ができれば大丈夫なんだ」。凄い安堵感を今でも覚えています。英文を読むことは受験勉強で鍛えられました。

それから、もう一つは、図書館で理論物理学者武谷三男先生の本に出合いました。その趣旨は「これからの哲学はいわゆる昔のような語学中心の哲学じゃなく、一つの個別科学を専攻し、物理でも心理学でも何でもいい、その最先端には必ず哲学的な問題にぶつかるんだ。それが哲学だ」と書いてありました。私にはそう読めました。「私でも哲学をやれる。今までの哲学と違う事をやればいい」と思い込み、元気が出ました。それが私の支えになった。この本との出会いはとても大きな意味を持ちました。だから本との出会いって、大きい。

それからもう一つは、当時は、大学には「カウンセリングセンター」はまだなかったが、京大には「学生懇話室」があって、相談にのってくれる場所がありました。私は、有名な病理学者のビンスワンガー実存哲学に関心があったので、哲学はダメでも心理学とちょっと近いような、その本をちょっとかじっていました。ビンスワンガーのことなどを聞きたいと言ったら、学生懇話室石井完一郎先生が「いや、有名な阪大の教授がおられるので、君、そこへ行って聞いてごらん」と紹介の労をとってくださいました。昔の先生って偉いですね。生活に余裕があったんでしょうね。阪大に訪ねて行って。私みたいに見知らぬ学生に一時間ほど時間をとってくれました。この結果「そうなんだ、私がビンスワンガーに求めていたものは、理論じゃなくて自分が生きるっていう事を一番大事にしたい、そこに哲学を求めていたんだ。ビンスワンガーは理論のすぐれた精神病理学者だから、私には向かないという感触を得ました。そこでこれも大きく一つ吹っ切れました。つまり、丁寧に聞いていただいたり、話したり自分と向き合うことで、自分の先がちょっと見えてきました。つまり「この方向は私には向かないという気づきが大切」なんです。その先生のお蔭で私は「ビンスワンガーは語学ができる優秀な人に回した方がいい。私の手には負えない世界だ」と感じました。段々、私にとっての哲学の意味が違ってきました。私が哲学に求めたのは理論とかそういうものじゃなくって、「自分がどう生きたらいいかっていうのが分かる」のが哲学だと実は思っていました。そういう哲学を捜せばいいなぁというふうに思いました。哲学を「あきらめた感じ」はなく自分にできることをやればよいという自己肯定感が残りました。その時に出会ったのがロジャーズの理論でした。一九五〇年代で、その思想は日本に入ってきたばっかりでした。幸いに京都大学には日本に一番先にロジャーズを紹介した正木正先生がおられたのです。そして正木先生の指導の下に畠瀬稔先生を中心にロジャーズの理論と臨床実践が展開されていました。私は正木先生・高瀬先生ゼミを選択しました。私はとてもラッキーでした。ビンスワンガーと並行してロジャーズを学ぶ機会に恵まれました。

キョロキョロと周囲を見渡すと、だいたい宝は近くにあることが多いですね。こちらの余裕がなくなると「タコつぼ」に入り込んだように視野が狭くなり周囲が見えないだけのことが多くなることに気がつきました。

実は私の卒論はロジャーズとビンスワンガーの比較研究でした。比較論をやって何とかしのいだ感じです。

卒論の口頭試問で

当時の京都大学教育学部卒業論文の評価システムに少しふれておきます。私の卒業論文のテーマは教育心理学でなく、哲学っぽいテーマでした。だから教育心理の先生二人（私のゼミ指導教員）だけでなく、追加で哲学の先生二人が加わる四人体制で口頭試問が行われました。まぁ被告席だな（笑）、私自身が十分でないドイツ語文献の引用に気が付いていたので、そもそもね、哲学の先生が出てきたので「これはもう落第だな」っていう気持ちで座っていました。でもそれが驚いた。高名な高坂正顕先生と下程勇吉先生でした。高坂先生が口火をきりました。私には六十年以上前の言葉ですが今でもはっきり覚えています。「村山君ビンスワンガーとかロジャーズとか良い人みつけたね」と誉めてくれた。今でも私ははっきり覚えていますけれども、この発言で「私が生き返った」との実感を感じて、とても嬉しい気がしました。さらに質疑の後、「村山君、もっとゆっくりやりなさい」と発言されました。最後まで「お前のドイツ語力はダメだ」って一言も言わなかったのです。これは、私が後年に教師になって考えてみると、私という人間をとても大切に優しく向き合っていただいたと感じました。大学の教師になってみて学生の論文をたくさん読む機会がありました。二人の先生には私の論文の穴がよく見えていたと思います。それを指摘することは簡単です。しかし、それで教師は人の成長を止めることにもなりかねないのです。私の可能性を見ていただいたのです。教師は評価の言葉で人を心理的に殺すこともあります。私はあの先生方から殺されなかった。「村山君、もうちょっとゆっくりやれよ」で、私は生き返ったね。教師っていうのは怖い職業ですね。それで要するに私は病院に入院しなくて大学院に入院して何とか今日の自分がいます。四年間充分迷ったから、以後カウンセリング関連の仕事で自分が生きていくっていうことに迷いは持ったことはなかったです。

私の学んだこと

そこで大事なことは、そういう時に先生方がちゃんと私を理解してくれたこと。卒論の先生もそうだったし、もう一人は、ドイツ語なんかできなくても大丈夫だとか、そういうサポートをしてくれる人からどれだけ大きな支援をいただいたことか！　だから私は人を育てるときにはまずサポートで行こう。批判はもう十分。批判は下手すると傷の上塗りみたいに、そこにまたガーッと何か付けて傷が大きくなるかもしれない。だからすごく大事にしないといけないなぁって。私は人生の選択を、一番大事な選択をそのときにしていたのです。今から思えばね。で、それを見守ってる先生方がいたことに、心から感謝の気持ちでいっぱいです。成績の悪い私なんかバサッと「お前、だめ！」って言えたはずです。今、私が教師になっても、相手を傷つけるようなことがままありますよ。だから本当に良い先生方に恵まれたっていうことが一つ。それからもう一つ大事なことは、迷ったらいけない、っていう事はない。いいですか。私は「日本の文化の最大の問題点は人に迷う時間を与えない、迷ったらいけない、悩んだらいけないと教え、悩みを早く取っちゃおうとすること」にあると考えています。「悩むからこそ、迷いがあるからこそ、その人らしさが出てくる。悩みがその芽である」と私は考えています。それを学校などで潰しちゃう。悩まないで勉強しろ！　それで、後年、三十歳、四十歳になってからその悩みに向き合うことが多いし病気になったりする。十分悩んでいただく。サポートする。そこから本物が出てくるのでは。ロジャーズなんか見てごらんなさい。大学からユニオン神学校中退までずっと迷いっぱなしです。今だったらカウンセリングセンターのお客さんです。人間の成長過程を見てみるときに、やっぱり一人ひとり、自分のペースがあって生きていく。だから、きちんと見守ってくれる先生や親・友達の存在が大きいです。カウンセラーとしてはそうありたいですね。それが私の大学時代に学んだ教訓です。

［初出］

村山正治（二〇二〇）「私らしく生きるプロセス――60年にわたるＰＣＡ理論と実践から学んだこと」『カウンセリング』五二巻一号、三三―三六頁。加筆修正のうえ収録。

第 2 章

大学院生体験

——カウンセラーへの方向が決まる

【京都大学大学院（1958～1963)】

大学院入学によりエネルギー湧く

五年間の大学院生活は、私の人生の中で最も充実した時間を過ごした時代だったと思う。大学院に入学できてカウンセラー修業ができること、自分のために充分時間を使うことができた時期であった。修士二年頃から「村山さんは人が変わったね」と友人から言われるようになった。私にはその自覚はまったくなかった。ただ、自分の人生の希望、自分が生きている方向がかなり明確になったことで、エネルギーが湧いてくるようになっていた感じはしていた。

私は大学院にすべり込んだ。野球でいえば一塁ベースに向かって、何とか夢中で走り込んで、「すべりこみセーフ」というのが実感だった。したがって、入学成績は芳しくなくて、奨学金の申請はできなかった。当時の奨学金貸与は成績順だったと記憶している。

東京から来ているし、父と兄が稼業である米屋をやっていたが、仕送りは順調に送ってもらっていた。下宿も同級生の小野修君の後に入居して、農学部の近くの北白川に移動した。実家から経済的に独立する方向で動いた。

新しい大学院生活では児童相談嘱託で生活費を稼ぐ

友人と先輩からの紹介で舞鶴・福知山児童相談所嘱託心理判定員という職を得ることができた。週二日勤務（月・火）で月収七千円だったと記憶している。修士課程を修了するまで勤務して後輩のN君に譲った。

早朝六時頃、山陰本線二条駅で乗車、九時までには福知山児童相談所に到着する。昼食と夕食は児童相談所の一時保護所の一時保護者用をいただき、宿泊は一時保護所に無料で泊めていただいた。所長から京大院生ということで好意的に対応していただき、大変居心地が良かった。

翌朝は、八時頃の列車で舞鶴児童相談所に移動し、夕方六時頃の列車で京都に戻るという生活を送った。仕事内容は知能検査、SCT、ローゼンツバイクテスト、プレイセラピーなどであった。私が期待されていた本当の仕事は年間相談件数を七百件にあげることだった。

ときには丹後地方へ出張して講演と幼稚園児に知能テストを実施して、一日三十件もの件数を稼ぐといった荒技をこなしたこともあった。

両児相で対応した事例を扱って修士論文に活用するというような気持ちはまったく起きなかった。児相業務に慣れること、テストの学習と実習に終始した。大学院の臨床センターのケースで修士論文を書く方向に固まっていた。

この嘱託心理判定員の業務で生活費の大部分を稼ぐことができた。

［書き下ろし］

畠瀬稔先生との出会い

大学院で五年間過ごしました。ここで畠瀬稔先生に出会ったのは、私には大きな出会いであり、いろいろなことを学びました。一九五八年頃でしたから、大学に教育相談室なんてまだなかった時代です。当時の京大教育学部では畠瀬稔先生を中心にして院生達が集まって、加茂川の河原から砂を持ってきてプレイルームの砂場をつくるなど、なんでも自前で調達する楽しい時代、そんな草創期の時代でした。先生からは学問だけでなく、組織をつくって新しい学問を発展させるさまざまな手法を学びました。たとえばネクタイの締め方、いま私のやり方は彼から教わったのです。それは一つですけれども、そういう形で私は畠瀬先生からいろんな形で影響を受けました。つまり大学院の仲間で公私ともに勉強していたというか、昔はまだ臨床実践を教える先生がいない時代ですから、仲間で、特にPCAは畠瀬稔先生を中心として私たちはみんな一生懸命勉強した。そういう意味で、畠瀬稔先生は私の恩人なんです。

『ロージァズ全集』は、私が編集者の一人に名を連ねたのです。それは畠瀬稔先生の推薦でした。

ＰＣＡを東京だけでやっているのではなくて京都でもやろうかという話になって、畠瀬先生は京都グループの中核の存在として動いておられました。一九六四年、畠瀬稔先生は当時の仲間たちと共同で『来談者中心療法――その発展と現況』を出版しました。私はこれの分担をしているのです。

畠瀬稔先生に感謝しているエピソードを一つ語りましょう。This is me というロジャーズの有名な自伝、ロジャーズのことを調べたかったらあの文章読めば多分ほとんどわかるみたいな、私の大好きな論文です。畠瀬稔先生は私にその翻訳を任せたのです。畠瀬先生が担当したかったに違いない。でも私にそれをやらせたのです。これはリーダーとしてはとてもできない技をやったのです。それから、彼がロジャーズのところに留学して帰ってきて、次に私が行ったのですけれども、その時もロジャーズへの紹介状をきちっと書いてくれたり、そういう意味では、彼は私にとってはとても大変な学問上の恩人なんですよね。

［初出］
村山正治・畠瀬直子・飯長喜一郎（二〇二一）「ＰＣＡの道――源流をたどる」『人間関係研究』二〇号、二〇頁。加筆修正のうえ収録。

公私ともに充実した五年間

登校拒否中学生の訪問面接から学ぶ

個人カウンセラーの問題。私は、自分の才能とか自分の関心とか方向はどうも実践家にあるらしい、理論家じゃなくて。そこにだんだんきづいてきます。これはカウンセリングの実践から段々学んできました。

そこで、「私はカウンセラーやっても大丈夫かなぁって」いうことを教わった一つの事例をお話します。学部時代も大学院でもそうでしたけれど、私は不登校の児童生徒（当時は登校拒否と呼ばれていました）のセラピーが得意だったんです。多分、学校行かないってあんまり悪いと思ってない、私自身は。そういう私のあり方が彼等に安心感を与えたのでしょう。大体、カウンセリングでは「なんで学校行かないんだ！」ってやられるに違いないけど、私のところはそれがない。それが良かったんだなぁって、今は思います。実際に学校に行かなければいけないって、それほど私は大きな事だと思っていないところがあります。今でもそう思ってますけれども。

学校に行くか行かないとかではなく、「何の為にいくのか」、っていうのが大事なんでね。それが良かったんだろうと思います。昔は不登校でなく、「登校拒否」って言ってました。そういう児童生徒たちの面接が結果的に上手かった、結果的にね。それで当時、今だったら「引きこもり」。当時、中学生の不登校の特徴は来談しない。親が来るだけで本人は来ないんですよ。だから相談はどうしても親から本人にも会ってくれないか、との希望や申し込みが多かった。そこで当時の京大相談室では訪問面接を考えていた。「不登校中学生のカウンセリングは村山がやってる、お前行け！」っていう話になって、これは日本で初めて臨床心理士が、まだ臨床心理士っていう名前はなくてカウンセラーといいましたけど、家に訪問した事例らしいです。新しいことをやるときにはまず文献を探してみる。ロジャーズは経験が大事だっていうけど、文献も大事なんですよ。

文献を捜して二つみつかりました。一つはジェドリン達の文献があって、統合失調症のためのPCAモデルでした。それも何十回もずっと病室を訪問するやりかたです。それともう一つはフロム・ライヒマン（精神分析家）が「治すと思うな一緒にいることが大事だ」って書いてありました。「あ、これでいこうか」っていうことで、この二つの先人の仮説ををお守りみたいにして、訪問しました。Aさんとしておきます。会ってくれません。押しかけているわけですから。ただ大事なのは、押しかけて行くんですけれど事前に訪問の通知をしているので、不意打ちではない。抜き打ちに行かない。その時間、いやなら居なくなればＯＫなんだ。常に逃げる機会もちゃんと作る。そういうやり方でやってました。

訪問面接

訪問してみるとその家の生活環境・雰囲気が伝わってきますね。家の中が、すごく暗い匂い、彼はこういう家の雰囲気の中に住んでるんだなと感じました。相談室で会うだけの事例では感じ取れない、見えない何かね、その家の何て言ったらいいのかな、その家の嗅いの嗅覚。これは大変だな、おばあちゃんがお札を数えるのに手袋するような、不潔恐怖みたいな……で。彼は京大精神科で、強迫神経症と診断されていました。「成程大変だな」と感じました。やっぱり面接には出てこないし、「アイツ何で来るんだ」私の見えない奥の座敷で怒鳴っている声が聞こえてきました。

だからしょうがないからお母さんに四回目かな五回目かな、次の週は彼がテレビを見ている部屋に行かしてくれないか、相談しました。上手くいかないかなぁと思っていました。そうしたら彼は部屋でテレビ見ていました。逃げる間がなかった。仕方なく彼は私と一緒にいました。でフロム・ライヒマンの提案を思い出し、「治療するとかの思いを一切抜け！」と思い、一緒にテレビ見て帰ってきました。

つまり「私はお前さんを学校に行かせようとか、そういう人間じゃないよ、っていうのが伝わったんじゃないかな」。で、その次の訪問で行った時に同じようにやったら彼は逃げなかった。そして初めて彼が「自分はこの家ではバカ扱いされている」「姉さん達が偉い人達で、みんな良い大学に入っちゃったり」とか、「自分だけバカにされてるみたいな感じである」などを少し話してくれました。初めて、私を、カウンセラーとして彼が受け入れてくれたな、という感じがして、「ああこれは大丈夫だ、なんとか行けるかも」との気持ちで以後三十回くらい訪問しました。訪問時に本人が不在のことが一回ありました。「今日デパートに行っているから、僕はいないよと伝えて」と母親から伝言があったりしました。約束しても大丈夫なんです。面接はカウンセラーのためでなく、彼のためにやってるって、はっきり理解していたことがわかります。そういう約束が大事なんです。訪問といったって面接契約をしています。それから、数カ月後の話。勉強したり、床屋に行ったりすることができました。

あるとき、職人が仕事で家に来てたとき、一日中押し入れに隠れて出なかったと母親から聞きました。恐怖症状はそれほど変わってない。ただ家でちょっと勉強するようになった、と親からちょっと聞いていました。面接では母親と姉たちとの関係を話すようになってきていました。十二月頃になって、もう三月に学校行くという話になったときに、彼は何て言ったと思います?「先生、僕は普通の学校へは行かない。前にいた養護学校、そこにもう一度行きたい」ってハッキリ私に伝えました。そしてそのようになり、終結しました。このカウンセリングは「何か失敗みたい」、いろいろ評価すればね、学校行かなかったんだから、一年間通って。で、ところがその後の本人の状況を母親から聞くと、ものすごく元気になっちゃって、前は物静かな黙ってた彼が発言して、市役所の視察官が施設に視察に来た時の話し合いで彼が「ここの食事が悪いです」とか、ちょっとこれまでの彼では考えられないような行動をやったらしいです。

それで私が考えたのは、彼は「私が自分で決める。学校に行かない。でも違う学校に行く」との結論をだした。私はそれを彼と一緒に考えた。それが多分一番効果的だった。他の症状は残ってる。でも症状はあっても動けるようになる。それで学校にいくようになる。その彼とは結局、未だに年賀状がきますけれどね。もう私が大学院の頃だから五十年以上前だけどね。それからお母さんが亡くなったときには、京都に行ったときにお悔やみに行ったりしました。そこで私が学んだことは「要するにあまり症状の消失だけにとらわれなくていいんじゃないか。症状が無くなるより大事なのは、ご本人の安心感と、気持ちの理解と決断、自分はどうしたいのかっていう、そこに一番焦点が当ってくると人間は動くんだ」と、いうことを学んだ。

似たような事、沢山ありました。それで京都で、何人かやったんですけれども、「私はカウンセラーとして生きていけるかもしれないな」、という感じをこのときに持ちました。大学院の博士課程2年くらいかな。で、これは中井先生という有名な精神科の先生が「新しい方法はたいていクライエントからのプレゼントだ」って言ってます。さすがね。私は多分不登校の児童生徒達と付き合って良かったっていうのは、私自身が癒されていた。あの時期にね。ですから私はエンカウンターグループやるようになってからもそうですけれど、私はカウンセリングについての考え方、クライエントとカウンセラーの相互交流なんだ、という考えがずーっとこの辺りから持ってます。両方が治されるんじゃないかな。これで私はカウンセラーとしてやっていけそうだ、という言わばこの人から贈り物を貰ったなという感じがしています。

それからもう一つ学んだことは「当事者が如何に大事か」っていう事につながるんです。

私は大学院博士課程を修了して、京都市のカウンセリングセンターに就職をしました。そこは、日本で始めて教育委員会の中にカウンセリングセンターを作ったんですね。京都市事務吏員・職種カウンセラーで雇ってもらって。学校から送られてくるケースの面接を三年間やってました。また仲間と共同研究もしました。でも何かちょっと怖かったのは、私みたいな若僧に、主任とか所長ポストが回ってくることがわかりました。そうすると、私は事務処理とか行政手腕はからきしダメです。予算取ってくる能力が全く無いじゃん。私がそんな役職を引き受けたら大変だよな、その職場は潰れちゃうもん。これは逃げないとダメだ、ということで、私は逃げ足も速いんですね。割合ね。それと、もうちょっと大学で研究をしてみたいな、という思いもありました。

そのときに実は幸運なことに、「九州大学教養部で教官籍で、助教授で心理学の授業とカウンセリングの実践が職務の教員」に応募しないかと京都大学佐藤幸治教授から声がかかりました。これも当時の日本では全国で初めてできたポストでした。「これは良い所だ！」でも京都を離れがたくいろいろ迷った末に応募し、幸いなことに採用してもらいました。当時の九大教養部安宅教授のご支援のおかげでした。この機会は私の人生で予想できないムチャクチャ大きな意義を持ちました。大学の世界に入ってみてまたいろんなことが見えてきました。

非行中学生との失敗事例と助手のサポート

ここでは、話のバランス上、失敗した事例もお話ししないといけないかとも思います。これは、非行の中学生から私が復讐された、と考えられるケースだったと思います。中学校から送られてきた女子中学二年生でした。三回目まで順調に来談していました。あるときその中学校教師から「A君は来てるかね?」と尋ねられたので、「来てる」と言ったんです。そしたら次に来たときにその子は、「先生は『誰にも言わない。約束は守る。秘密は守る』と言ったけれども、学校の先生に何か言っただろう」と彼女は私に詰問したんです。

私は、「いや、そんなことはない。ただ、先生から問い合わせがあったから、学校に『カウンセリングには来ている』と言ったんだ」――実際そうだったんだけども――と答えたのですが、彼女は納得しませんでした。それで中断してしまったんです。その後、いろんなことが起こりまして、ある日、研究会をやっているところで、お金がたくさんなくなったんです。いろんな状況から考えてみて、その子が私に復讐したんだと考えると納得がいくものでした。しかしそれははっきりとした事実は分からないのです。警察に届けたりしませんでした。それで相談室の会議が開かれました。「これは村山が起こした事件だから、村山がちゃんと弁償すべきだ」という意見があり、いろんなことで討論がありましたときに、その時の助手の先生が、「それは村山のやったケースの可能性が強いけれども、みんなで分担すべきじゃないか」と言ってくれたことを今でも覚えているんです。その時、スーパーバイザーとか、サポートグループというのが、ケースを担当していくうえでいかに大事かということを身に染みて感じました。お金の紛失問題じゃなくて、自分が失敗をして、とても落ち込んでいる時でしたので、助手の発言はいまだに私の中に残っておりまして、救われたという感じがしています。

それから、この時期、トライアルカウンセリングとか相互カウンセリングでカウンセリングを受ける、という体験もこの時にしました。これもなかなかのいい体験で、やっぱり自分がカウンセリングをするだけでなく、クライエント体験をしてみると、いろんなことが見えてくるということがよく分かりました。このようにいろんな体験をした大学院時代は、私にとってカウンセラーとして有意義な時代でした。この時代は不登校を中心に多数の事例を担当したこと、相互啓発型の訓練など、臨床家としての体験と相互訓練をたっぷりとしたと思います。

修士論文をめぐって

しかし、修士論文は困りました。臨床の事例をまとめて出すところまで充分な臨床体験を積んでいませんでした。私はロジャーズ理論の特徴を分析して修士論文として提出し、評価を受け、何とかパス致しました。その後、カウンセリングのプロセス分析のリサーチを、ドクターを出るときにやっとやりました。そういうふうに研究の面では、いろいろな先生方に心配をかけた状況を、今でも思い出すことができます。心理臨床の研究者と実践家を育てる場合には、scientist-professional modelが一般的ですが、科学的な素養を中心に考えるのか、臨床実践を中心に考えるのかということが、当時のカリキュラムですでに問題としてあり、そしていまだに日本の大学院の中でまだ明確に解答が出てない問題だと思います。心理臨床家を養成するときの大事なテーマの一つだと思っております。後年、私は一人ひとりの特性を生かした「自己実現モデル」という指導法を開発しました（第7章「自己実現モデルの提唱」を参照）。

学生結婚

それからもう一つ大切なことがありました。博士課程の二年のときに、実は結婚を致しました。私は大学院の学生で、妻は大阪府精神衛生センターの職員でした。三年ほど交際をして、大学院のドクター二年の終わりに結婚をしました。私にとって、妻の支えは大きな意味を持っています。私は心理的には三回結婚したと、よく学生諸君には言っておりますが、つまりそれは私の結婚生活の十年ごとにお互いの関係を確認する、ということをやってきているからです。大学院の最後は妻の心理的支えがあっての卒業ということになりました。

充実した五年間

大学院には一九五八年から一九六三年までいました。カウンセリングは、当時幸いにして、米国から日本に入ったばかりですから、草創期でした。私の人生の上でこの五年間は本当に自分のために、すべての時間を使うという時期だったように思います。今から考えてみても大学院のこの5年間は、とても充実していたように思います。自分のために時間を使うという充実感は、現代の中ではとても難しいと思います。そういう意味では、本当に自分のやりたいことをきちっと見極めながら、一生懸命自分のことを追求する、とても大切な時間を保証された時期だったと、今でも考えております。私にとっては大変意味が大きかったのです。以前には心理的に死にかかっていたような感じの私から、息を吹き返したような感じがございました。他人からは「村山さんは人が変わったねぇ」というふうに言われました。これはやはり、私は自分が何をやっていいか分からない、方向が定まらなくてエネルギーが拡散していたんだと思いますけども、「カウンセリング」という自分の将来やっていく方向がはっきり見えてきましたので、多分それで私の中に前に進む力が出てきたんではないかと思っています。

しかし、学業面では相変わらず超低空飛行でありまして……。ゼミの先生方からサポートを受けながらという面もありますけれども、「自分の好きなことを一生懸命やっている限りは、単位取得の学業成績はなんとか大目に見てもらえる」という当時の京都大学の雰囲気の中で生きられて、五年間過ごしていたと思います。

一方臨床実践の方は、この時期は私にとっては意味のある時期でありました。どういうことかといいますと、私が大学に入ったのが昭和二十九（一九五四）年ですが、当時不登校の子どもたちが、だんだんと日本に出始めたころなのです。その時代に私は京大の心理教育相談室で、不登校の、特に、中学生の子どもたちと面接を始めるようになりました。その時期に、かなりの時間を私は相談員として、自分のカウンセリング体験の方にエネルギーを使いました。幸いだったことに、私自身に不登校の気が多分にあるので、不登校の子どもは近づきやすかったんじゃないかと思います。それで、不登校の子どもに対しては、私はそれなりに有効に動きができておりました。で、この経験から、自分はなんとかカウンセラーとしてやっていけるんじゃないかという感じを、先輩たちの助けを得ながらこの五年間でもてたような気がします。

主に中学生のケースをたくさんやっていました。この当時、不登校の子どもの訪問面接も、私が日本で一番初めにやったと研究者に指摘されています。ご存じのように不登校の子どもは、特に思春期の子どもは来談しません。なので訪問面接をしたわけです。この時代は、カウンセラーの修行としては、主としてPCAの原則に則りながら、個人カウンセリングの領域でいろんな得難い体験を積み重ねました。後年、院生のカウンセリングを指導する場合にも、最初は自分にぴったりするようなケースとか、自分に合いそうなケースからやる方がいいんではないかと、院生にすすめています。

［初出］

村山正治（二〇〇五）「私とクライエント中心療法」『ロジャースをめぐって――臨床を生きる発想と方法』金剛出版。

加筆修正のうえ収録。


村山正治（二〇〇五）「登校拒否中学生の心理療法」『ロジャースをめぐって――臨床を生きる発想と方法』金剛出版。

加筆修正のうえ収録。

第3章

京都市カウンセリングセンター時代

——社会への船出

【京都市カウンセリングセンター（1963〜1967）】

日本ではじめて公務員のスクールカウンセラーになる

大学院を出た後、私は京都市カウンセリングセンターに一九六三年から一九六七年までいることになります。これは後に調べてみますと、おそらく日本ではじめて大学院のドクターコースを出た人間を、地方公務員のカウンセラーとして採用したケースのようです。正式には事務吏員で職名がカウンセラーでした。京都市は、日本の地方自治体のなかでも新しい試みにチャレンジするきわだった特徴をもっています。私が大学院を出るころ、新しく教育委員会の中にカウンセリングセンターを創設したのです。今日でいうスクールカウンセラーだったと思うんですけども、そういう常勤の職を得る、という幸運に恵まれました。

日本のカウンセリングをリードしていく新しい組織

ここは河合隼雄先生、笠原嘉先生、船岡三郎先生など、一九六〇年代の心理臨床、精神医学のスーパースターたちが顧問として働き、優れた人材獲得にたくさんお金を使うという、京都市でないと不可能な性格のユニークな組織でした。それで、私がここに就職するときも、二つの選択がありました。大学の相談所に就職するか、新しくできたカウンセリングセンターに行くかということです。いろいろ後で考えてみますと、私は新しい所の方が性に合っているようで、こういうときたいていは新設の組織を選択しています。これは先ほど言った助言教官の先生の、また別の先生（京都大学教育学部下程勇吉教授）の御紹介なんですが。

臨床の実践・教員研修・リサーチなどを充分体験

そういうことで私は、三年半、この教育委員会の中で、カウンセリングにかかわりました。ここは、今日でいう教育センターです。そこで学校の先生方のカウンセリングの指導、スーパービジョン、それから教育相談担当者制度のためのワークショップ、教育相談に専念する形で、三年半過ごしました。相談に専念した時期には、恐らく、週に二十時間の臨床活動をしていたと思います。本当に、面接にエネルギーを使った時代です。後年大学院の学生を指導するようになって、学生が臨床家として成長するのを見ていますと、いろいろ実績を積んでドクターコースの二年くらいから、大体自分の言葉で自分の臨床を話せるようになってきて、そして、ドクターを終えて、ポストドクターの二、三年ぐらいのところから、臨床家として脂がのり、自分の臨床ができてくる、という印象を受けています。私は、大学院を出て、研究機関でなく実践機関に職を得ましたので、結果としてとても鍛えられました。こうしたプロセスは、臨床家を育てるという意味では、とても大事なことではないかと思っています。だから、私は、アメリカのように、ポストドクターの人を大事にするようなシステムを、どうしても作らなきゃいけないというふうに思っています。

スクールカウンセラーの雇用先としての教育委員会

私が京都市の教育委員会に入ったというのは、これは非常に例外的なことでした。今日では教育センターは、学校の先生方しか常勤で入れません。けれど、スクールカウンセラーの養成システムのことをこの頃やっていますと、どうしても、新しい教育の一環として、教育センターに心理臨床の専門家、特にドクターを出たような人たちを雇用してもらうほうがいいのではないか、学校の先生方の戦力が非常にアップするのではないかとも思うようになりました。それで、実は、前の文部大臣に、河合隼雄先生を通じて、ご提案申し上げました。しかし、大臣はすぐ退任、交替され、実現しませんでした。日本の大臣はよく変わるので、そう簡単ではございませんけども、学校の先生方のカウンセラーとしての養成を考える場合には、将来、ぜひそういう方向が必要ではないのかと現在も考えております。

さて当時、カウンセリングはまだ、日本社会にあまり知られていませんで、「カンニングセンターってなんですか」とか（笑）、「カウンセリングってどんなリングですか」とか、まあとにかくそんな時代でした。カウンセリングが今日のように、われわれの社会の中で認知されてくるだいぶ以前の時代です。京都市カウンセリングセンターの時代は、私にとっては、臨床訓練として大きな意味があったのですが。

ユニークなセラピストの在り方

もう一つ大事だったのは、学校の現場の教員職のスタッフが五、六人おりましたので、そこで一緒にカウンセリングのリサーチをすることができたということです。これも得難い経験でした。今日では京都大学にも九州大学にも心理教育相談室ができておりますから、そこで研究と臨床を積むこともできますけれども、当時はなかなかそういうことが難しかったんで、そういう意味でもとてもよかったと思います。

当時、カウンセリングセンターでは学校の先生方と一緒にやっておりましたので、子どものケースにはこの人がいいというような「小児科」という人がいましたし、中年のご婦人が来られると「マダムキラー」とか「婦人科」という人がいました。私は、どちらかというと「思春期科」でして、中学生等をよく受け持っていました。この時代に河合隼雄先生がスイスからユング派の資格を取得されて帰国され、京都市カウンセリングセンターの顧問となり、そのとき、私は箱庭を習ったことがあります。私の箱庭の作品は、あの『箱庭療法入門』という本の中に載っております。あの当時は箱庭のセットなんていうものはなかったので、みんなで箱庭の材料を持ち寄り作りました。でもそれのほうがやっぱりおもしろいですね。まだお仕着せのものはなく、棚を作るためにみんなで集まり、いろんな材料を集めたりして、手作りのものを作ったり。創造する楽しみもあって本当におもしろかった時代です。

［初出］
村山正治・畠瀬直子・飯長喜一郎（二〇二一）「ＰＣＡの道――源流をたどる」『人間関係研究』二〇号、一二一―一二三頁。
加筆修正のうえ収録。

河合隼雄先生

ユング派の資格取得で日本に新しい時代を生みだした河合先生の帰国は大きな社会的意義がありました。それまでは日本にはカウンセリングの方法としてPCAしかなかったのです。ところが、河合隼雄先生がユング派の資格を取得して帰国されて以後、次々と外国で精神分析系の訓練を受けた心理学の専門家が大学やクリニックでPCAでない心理療法を日本に持ち込んでこられ、この時期からPCA一本だけでない時代が始まったとみてよいでしょう。鑪幹八郎先生はじめ多くの精神科医でない心理療法家が出てきます。あそこで河合先生が帰られた一時代から日本のカウンセリングの世界はPCA独占時代から変わってしまったのです。

〝カワイアン〟(河合隼雄流)から距離をとり九州大へ転出

私たちは畠瀬稔先生と一生懸命勉強して、PCAを京都大学につくるという流れで頑張っていたのです。しかし、当時の教授は河合先生を京大の臨床心理学講座教授に採択されました。河合先生のあのすごいスーパースター、何かブラックホールみたいな大先生ですから、私のまわりの人はみんな「カワイアン」（河合先生派）になっちゃうんですね。私にはちょっと「カワイアン」は無理という感じがあって、私は太宰府に逃げたんです。たまたま九大教養部に佐藤幸治先生・安宅考治先生のご推せんでポストがみつかりました。そのことを河合先生はご存じでした。「あんたはときどき太宰府からちょっと攻めてくるね」と、さすが鋭い先生です。ちゃんと私が距離をとったなということもおわかりでした。でもその後、私は学校臨床心理士WGの代表になって、河合先生と接触が多くなり、その力量から多大のご支援をいただきました。スクールカウンセラー事業の成立と成功は河合先生の多面的な力量のお陰です。心から敬意と感謝を申し上げます。

以後、私は学生相談という新しい仕事に挑戦することになります。

［初出］
村山正治・畠瀬直子・飯長喜一郎（二〇一一）「ＰＣＡの道――源流をたどる」『人間関係研究』一〇号、一一―一三頁。
加筆修正のうえ収録。

「転失気」あそび

京都市カウンセリングセンター在職中の三年半は私にとっては画期的な創造的な期間となりました。

共同研究によるリサーチを行ったこともこの時期だからこそ、チームワークがあったからこそ可能になったのです。日本初の教育委員会指導部の中に設置されたカウンセリングセンターであり、その陣営も日本一を誇れる内容でした。

旧小学校の五階を改装した施設でしたが、新しいカウンセリング時代の先端を走る気概がみなぎっていました。新設の組織であるのでさまざまな対応が必要でした。京都市教育委員会はそのことを見越して、敏腕で評判高い事務係長を送り込んでくれたのです。この係長は私どもスタッフの要求、要望にはすぐに対応し、本庁と掛け合ってくださり、小柄だがピリッとした山椒のような鋭さと、仲間を大切にする親分肌を持っていました。この係長の日頃の畫力、功績に応えること、喜んでもらえることを何かしたい。それも遊びでしたいという気持ちが私たちスタッフにはありました。

そこで、スタッフ達が内緒で様々なアイデアを出し合いました。それが「転失気あそび」となって実現しました。今から考えると、公務員でこんなことは御法度で許されることではないと思いますが、当時のカウンセリングセンターのスタッフ間の信頼関係の強さを示すエピソードとしてここに記録しておきます。

「転失気」（てんしき、古典落語の有名な演目）

「転失気」とは、実は、おなら、屁（へ）のことです。

体調のすぐれない和尚さんが診察に訪れた医者から「てんしき」があるかないかを聞かれます。和尚は知ったかぶりをして、その場をごまかし、あとで、小僧を呼んで、近所に「てんしき」があるかないかを調べさせました。

誰もが知ったかぶりをしたために、ハッキリしたことが聞き出せません。小僧は医者を訪ね、「てんしき」とは「屁（へ）」のことだと聞かされます。小僧はまたまた和尚に「てんしき」とは「盃」のことと偽って伝えます。医者の往診のとき、「てんしき」はあるか、と聞かれ、和尚は小僧に家宝にしている三つ重ねの盃を持って来るように命じて、爆笑とトンチンカンな落ちになるというお話です。

作戦の筋書きと打順を決める

一九六〇年頃、毎年百人規模の教師のためのカウンセリング研修会を開催していました。顧問の京大下程勇吉教授、河合隼雄教授、笠原嘉精神科助教授などスタッフ総出演の一大イベントでした。場所の比叡山正暦寺の宿坊で二泊三日でした。

(1) 研修会二日目終了時の昼食料理に、宿坊からの依頼として、「天台のてんしき」という、ここだけの逸品おつゆ料理を追加していただきたい」とお願いすることにしました。いつもそういう要望はセンターの係長さんが責任をもって対応してくれることになっていました。必ず対応してくれると確信していました。

(2) その係長さんに「逸品のおつゆ料理」の追加をお願いする三人が決まりました。一番、Oさん、二番、Nさん、三番、私、に決めました。最終的に陣中見舞いにくる係長さんに順番に追加料理をお願いに行くわけです。一番バッターOさんは高齢ですが、仏教などに詳しい、料理にも詳しい方です。Oさんは、先ず会場となっているお寺の厨房に行って、今から自分達がやろうとしている遊び事について確認するため食事係の僧に相談に行きました。幸いなことに僧は「転失気」落語をご存知でした。「製造に時間がかかるので、今回は無理」ということで、「お断りしてもらう」手順になりました。

(3) 二番目のNさんは、リサーチ、臨床、事務に強く、旧制第三高等学校理科中退という猛者で、仕事面で当の係長が絶大な信頼をおいている方でした。

(4) 三番目が私でした。私はゲラで笑い上戸なので途中で笑い出してしまったりする危険性があるので、三番目になりました。

(5) 三人が係長にお願いしたものだから、係長は快く食事係の僧にお願いに行った所、先のように「転失気は」……「製造に時間がかかるので今回は無理」の答えをもらってきて、四人で大笑いをしたのでした。

翌年の研修会で蚊帳の中にバルサン香

ここでは係長の逆襲のことに触れておきたいと思います。係長もさるもの、私たちに何かお返しをしたいと、計画していたようでした。

翌年の研修会二日目の夜、宿泊所の蚊帳の中で私たちが、寝転んでいると、何か、バルサン香の臭いがきついので目が覚めました。当の係長が蚊帳の中にバルサン香を入れ込んで、われわれに一泡ふかせたのでした。咳をしながら大笑いでした。

こういう遊びを媒介にして、私どものチームとしての結束が深まり、仕事の面でも、個人的にも深まってきたように感じます。いや、こんな事ができること自体が、大きく信頼感が持たれていたということで、子どものような遊びができたのだと思い起こしています。

コロラド河アドベンチャートリップでトーク

私が在米中、一九七二年、ロジャーズ研究所の仲間達とコロラド河アドベンチャートリップに参加したことがあります（村山正治〈一九九三〉『エンカウンターグループとコミュニティ』ナカニシヤ出版）。

二日目、夜営キャンプ場で、参加者各自が何か余興をしようということになり、面白い話をすることになりました。私は咄嗟に、この落語の話を思い出して、たどたどしい英語で落語のポイントを話してみました。その際、「おなら」のことを英語で何というか知らなかったので、「ヒューマン・ガス」という造語で対応したところ、大受けしてしまいました。

［書き下ろし］

第4章

キャンパスカウンセラー体験

——エンカウンターグループとキャンパスコミュニティ論の展開

【九州大学教養部（1967～1973)】

学校コミュニティとカウンセリング

学校コミュニティと心理臨床の展開

私は一九八二年の第一回日本心理臨床学会交流の広場で「教育臨床を考える」「コミュニティにおける心理療法」「個人療法とグループアプローチ」「心理臨床における Non-Verbal 体験」を設定して心理臨床の新しい動向のための発表・交流の場づくりにつとめた。当時、参加者は多いとはいえなかったが、現在は発展してきている分野になっている。また「学生相談におけるカウンセリングと心理療法──展望と課題Ⅰ、Ⅱ」『広島大学総合科学部学生相談活動報告書』（六巻、一九八二、七巻、一九八三）で学生相談における「メディカルモデル」に対して、「コミュニティモデル」論を展開してきている。ここでは私の活動のうち、この方向に沿って学校コミュニティと心理臨床の展開を論じておきたい。

キャンパスコミュニティと学生相談の特質

私は九大教養部で八年間学生相談を体験、とくにエンタープライズ事件にはじまった学生紛争を経過するなかで経験したことから多くのことを学んだ。

私がかつて在籍した京都市カウンセリングセンター（第3章参照）でのクリニック的機能を重視した活動と比較すると、キャンパスコミュニティでのカウンセリング活動にはさまざまの相異が目についた。それはクリニック活動と重複する部分もあるが、学校組織というひとつの「コミュニティ」の中で機能しているために生まれたものである。それらを仮に「キャンパスカウンセリングの特質」とよんでみよう。

「問題学生」は自発的には来談しない傾向がある

ここでいう「問題学生」とは自殺未遂者、発達障害や統合失調の学生たち、さまざまな反社会的な問題を起こす学生たちをさしている。彼らは、ほとんど自発来談はしないものである。これは、私には驚きであった。それはどこかでカウンセラー万能的な感じをもっていた当時の私への警鐘でもあった。相談室への来談者のみに着目して待機しているだけではキャンパスカウンセラーの仕事は十分に果たせない。相談に来る人だけを対象とする「クリニックモデル」からのパラダイムシフトを感じた。

来談した学生の「口コミ」が最大のPR

来談者が「相談に行ってよかった」という感想、「あそこに行っても何もならなかった」という評価も、私が考えている以上に速やかに学生仲間に伝達されるのにも驚いたものである。ある学生はカウンセリングルームとは「興信所」みたいなところで何でも調べているような印象をもっていたりする。われわれカウンセラーの実際の活動や実態と無関係にさまざまな学生達の独自の「見解」が学生のなかに拡がっていることもあった。それらを解消できる有力なチャンネルは、来談し、実際にカウンセリングを体験した学生の口コミである。

学生相互の援助する力、ピアサポートの重要性

これも新鮮な驚きであった。「問題学生」を相談室に連れてくるのは、下宿の友人であるとか、学生部の学生係の職員とか、クラス担任の教官などであった。学校に復帰した学生のサポートに、また自殺未遂の学生を一緒に探しに行ってくれたりなど、その援助する意欲と行動力はすばらしく、「ピア（仲間）の援助活動の威力」をまざまざと感じさせられた。二〇一〇年代からピアサポートの機能に注目した学会も創設されている。

教官、事務職員との接触

学生と同じく、「問題学生」の第一発見者は学生係や試験の答案を読んだ教官などのことが多い。

時間割を決められずに二時間も学生係窓口でウロウロしていた学生を相談室に連れてくる窓口職員。支離滅裂な答案を見て、相談にきてくれる教官などである。

授業での学生との接触

これはキャンパスカウンセリングの特質の大きな側面である。当時の九大教養部カウンセラーは、教員として、精神衛生、カウンセリング、臨床心理学、青年心理学などの授業を担当して学生に接していった。これは、よくも悪くも、カウンセラーの生の人間自身を学生にさらすことになる。学生は教員の人柄をよく観察している。相談できる人物か「査定」していることも多い。

他専門職との連携

大学生は発達的にみて、統合失調の問題の好発期であることは、多くの精神医学者が指摘している。この意味で、精神科医との連携は必須条件であろう。学生相談を治療回復機能だけに限定せず、「よろず相談センター」的機能としてとらえるとき、問題の深さの次元、問題の横の拡がりの次元を考えると、ニーズに応じるためには、キャンパスカウンセリング機能はさまざまな専門家との連携が必要となってくる。また個人心理療法的援助は、きわめて重要だが、学生が必要としている援助活動の一部であるという認識をもつようになったのである。

キャンパスカウンセリングの特質

以上述べてきたことが、「クリニック」のカウンセラーから大学キャンパス内のキャンパスカウンセリングに従事するようになって私にみえてきた事柄である。これをかつて私は「キャンパスカウンセリングの特質」とよんだ。

では、このような「特質」を備えているキャンパスカウンセリングの原理をまとめてみると次のようになるだろう。第一に、大学というコミュニティ――教育と研究を行う場――の場にふさわしいものであること、第二は、学生を管理の対象とするのではなく、学生・教職員を含む大学コミュニティメンバーへの援助活動であること。そこで、「特質」にぴったりする援助活動を展開するための組織はどうなければならないかというのが、次の時代の学生相談室機能を考えるときに重要なテーマになることを提案しておきたい。

［初出］
村山正治（二〇〇五）「学校コミュニティとカウンセリング」『ロジャースをめぐって――臨床を生きる発想と方法』金剛出版、一四七―一四九頁

大学紛争との出会い

紛争との出会い

九大が伊都キャンパスに移転して、林立する高層マンションや蔦屋書店・レストラン街と一変してしまった六本松の旧九大教養部前を二〇二〇年代の現在に通勤の西鉄バスにゆられて通過するたびに、一九六八年頃に九州大学教養部助教授として勤務していた四階の私の研究室を思い出し、さまざまなことが想起されて感傷的な気持ちになります。

そこが私の三十代のきびしい研究・実践活動の場であり、もっとも豊かな居場所でありました。時の流れも感じます。この校門の前に、全国の大学生が米空母エンタープライズ反対闘争に集まって、開門を要求していたころの事が浮かんできます。アメリカ留学、教育学部に転勤する前の私の職業上のアイデンティティを形成した大切な時期です。教養部時代は、私の人生の方向が大きく動いた時期でした。私は行きつけの京都市役所の床屋さんから、「旧帝大の最も悪いとこへ栄転ですね」と皮肉られて、片道切符で京都から九大教養部に一九六七（昭和四十二）年に転勤してきました。故九大安宅教授、故京大佐藤教授の推薦でこの職につきました。まったく縁もゆかりもない福岡の地に飛んできてしまいました。今から思うと、私の人生にこんな素晴らしい展開がはじまるとはまったく思いもしませんでした。本当に人生は先の予想がつきません。だから楽しいのでしょうね。厳しいのでしょうね。まだ三十三歳でしたので、「なんだか」張り切っていました。大学ではときに「よそ者」扱いは感じましたが、あまり気にしませんでした。しかし、福岡の街は明るく、開放的でした。なによりも教養部学生達との出会いが新鮮でした。この出会いが私の人生を大きく変えました。新米の助教授・キャンパスカウンセラーには何よりも学生達と一緒に勉強し遊んでいることが楽しかったのです。自由がありました。教養部は、若さであふれていました。中村俊夫、山田宗良、野島一彦らの群像など今でも付き合っている人たちの多くが教養部時代の学生や教育学部時代の院生達です。大きな出会いがありました。大学教員に研究からでなく、教育活動から入ったことが、私の性にあっていました。幸運でした。この時期は、私にたっぷり学生と付き合うことができる時間と閑がありました。六本松から徒歩で15分ほどの我が家は、学生の溜まり場になりました。即席料理の名人である妻の尚子は、いつ学生が来ても、貧乏学者の家計のなかで、ありあわせの素材で食事を出すことができました。紛争現場から逃げ返ってきた学生もいました。また不在時にドアをこじ開けて我が家に入ることができるほどに学生達の家のようになっていました。近所の人から「泥棒」かと思ったが学生たちとわかり、大笑いしたこともありました。

もう一つの人脈は、カウンセリングに関心を持った学校教員、家裁調査官、学生群です。矢神進、前原国久、足達礼子、戸島則子、広田悦子、原野義一らの群像です。やがて福岡人間関係研究会に発展する土壌となって行きます。これらの人達を結び付けた糸の一つがロジャースの「人間論」であり、いまも私の人生を支えている哲学の柱です。当時の時代精神は、世界的レベルで「適応」ではなく、「自己実現」であったと認識しています。

ここまで書いてきて、改めて、「人との出会いは可能性を拓く」ことを実感している自分がいます（終章参照）。

紛争の現場で

紛争に関しておまけの話があります。

紛争現場で学生が教養部本館を占領する前に、ある学生から、必要なものは運び出しておくように、との連絡をもらっていました。出したのは箱庭療法の道具だけでした。私には学生による「封鎖」のイメージがまったくリアリティがなかったからです。ところがある日、登校して見ると、突然教養部本館を学生がバリケード封鎖し、入館できなくなっていました。カウンセラーとして、重要な書類を教官室の書類ケースに収納していることに気がつきました。職業柄、守秘義務の事が頭をよぎりました。当時東大安田講堂が占拠されたとき、学生相談でテープの隠し撮りが暴露されたりした新聞報道がでたこともありました。とにかく教官室にある成績評価の書類などを持ち帰る必要に迫られました。当時まだ「うちゲバ」と呼ばれる紛争学生のセクト間の激しい戦いなどなく緊迫した封鎖状態ではありませんでした。まず教養部を占拠している学生に接触したいと思い、私の研究室に電話をかけてみました。すると運良く、O君と名乗るS大の学生が出てきました。事情を話すと、「カウンセリングのことは知っているので、先生、私がもって行きましょう」といってくれました。ありがたい話でした。しかし、即座にそうするわけにはいかないと思いました。もしその学生が成績書類などを見てしまったらという不安がよぎりました。「内容を見ないで持ってきてください」とは言えませんでした。私はその不安から彼の信頼に応えることができませんでした。守秘義務のことを丁寧に説明せずに「私が取りに行きたい」と伝えました。するとO君の態度が急変しました。「それなら、お前が四階に上がって取りに来い。その代わり、身の安全は保障しない」と言って電話を切りました。今から思うと学生の信頼に応えられなかった自分が恥ずかしい気持ちになります。

かくて、私はこわごわと、占拠していた学生たちが出入りに使用していた縄梯子で教養部本館4階裏側の窓から入館し、四階の私の教員室に行くことになってしまいました。今思い出してみると、昼間であり、意外と簡単な事といった記憶しか残っていません。怖かった記憶も残っていません。自分の教員室にいくまでだれにも会いませんでした。私の部屋には、催眠コーチがおいてありましたが、ベットとして誰かが使用していたようでした。早速、書類ケースから、書類を取り出し、カバンに入れ、またもときた縄梯子を伝って下りてきました。ホットしたことを覚えています。

［初出］

村山正治（二〇一一）「九大教養部・大学紛争・カウンセラー・出会い」『エンカウンター通信』四〇〇号記念特集号、一六〇－一六一頁

大学紛争下の教育とゼミ活動

大学紛争時の状況（一九六九年頃）

私の所属している九州大学教養部では現在、大学立法反対を決議した学生大会で無期限ストが可決され、授業は行なわれていない。この間、カウンセリング・ルームが占拠されたり、クラス討議のために実験室が「開放区」になったりしてカウンセリング活動ができなくなったため、占拠している学生とケンカ腰の討論をしたりしている過程で、恥ずかしい話かもしれぬが、これまで「大学紛争」というレベルで関与していた自分が、いつのまにか、カウンセリングとは何か？　カウンセラーとは？という問題に直面し、さらに、一人の人間として学生たちの問いかけを正面から受けとめざるをえなくなっているのに気がつきはじめている。

『教育と医学』誌から私に与えられたテーマは「攻撃性の心理学的考察」であったが、現在、「心理学」的に考察する余裕はない。いわば、心理的攻撃を受けたり加えたりしている真只中にいるといった状況である。そこで、こうした生の体験を、あまり料理できないまま、思いつくままに綴ってみたい。

教育不在の大学

今日の大学の矛盾が、国立大学ではとくに教養課程に集中していることは周知の事実である。むしろ、これまでこの状態が放置されてきたことが、きわめて不思議なことなのである。戦後の学制改革に深く参与した元東大総長南原繁によれば、戦後の新制大学の特徴は、教養課程における人間形成に置かれていたという。この現実と理念との落差の何と大きいことであろう。大学というところは教育に金を使わないところである。教官にしても、教育は「雑用」として考えている人が多い。この点で、教育・研究・運営に全責任を持っていたわれわれ教官が学生から突き上げられるのは致し方あるまい。一九六〇年代から一九七〇年に全国でおこった大学紛争はベトナム戦争などへの反対など政治的活動とも連動した大きな運動になっていた。この過程で暴露されたことは、教官たちが自己の研究業績を上げることや、特権意識にしがみつくことに汲々として、学生の教育を忘れ、いわば大学の自治という錦の御旗を盾に、世間から切り離された中で、安易な惰眠をむさぼっていたという先鋭な学生たちの指摘に私は自分の存在を揺さぶられた感覚があった。九大文学部の滝沢克己教授は、大学とは「各専門のタコツボ化と奇型的繁栄、各学科や講座、学部、大学間の厚い壁と闇取引――まさに学生たちの言う「競争と対立」、自己内外の『分裂と抑圧』の極点に達した現状にほかならない」と述べた（滝沢克己、五、一二一パンフレット）。

当時（一九六六年頃）、教養部学生生活調査委員会の一メンバーとして、教養部の一、二年生を対象に現在の大学生活に関する意識調査をやったところ、郵送法としては異例の八〇％近い回収率に驚いた。この高い回収率自体がすでに現状が容易でないことを暗示していたが、更に回答内容もリポートペーパーまでつぎ足して書きつらねているものもあり、大学の現状への不満の強さに、あらためてびっくりしたものだった。中には、われわれを激励する文を書いてくる学生まであって、苦笑すると同時に感激したりした。

これらのアンケートは、学生たちの不満がこんなに蓄積され、しかもそのエネルギーを解放する場がなく、方向性を求めて渦巻いていることを感じさせた。また、当然のことでありながら、この種の調査には珍しく、調査結果を二回にわたって教養部報に報告し、学生にフィードバックした。この種の調査は、従来、ともすれば「学生のため」ということを標榜しながら、実際には研究者の業績のためだけに終わることが多いことも気づいていたので同僚の許可を得た試みだった。

カウンセラーや調査員としての経験から、この不満のかたまりにアタックしないわけにはいかなかった。学生のためというよりは私自身の中の何かがそうさせたと言っていいだろう。和光大学の「新しい試み」に刺激されて、行動科学で開発されつつある、グループによる成長促進を試みるようになった。しかもその狙いは、自己と感情の分裂の統合、自己自身の探求、心理的成長をめざした意味に特徴があったと思う。読者にはおそらく、ありふれたことを試みているように思えるだろうことは自覚しているつもりである。だが、現在のマンモス大学では珍しい試みであろうと思う。それだけ大学の教育が取り残されていることを示しているのであろう。

小グループのゼミの試み——自己自身に出会うことをめざして

封鎖以前の大学状況で行っていた大学授業改善の試みを説明する。一九六七（昭和四十二）年十月から心理学実験の受講者十二名ほどと毎週一回、午後五～八時ごろまで、学習グループを構成して一学期間勉強した。各自が選んだ文献を紹介したり、教師が最近の行動科学の文献を紹介したりした。メンバーは文学部や教育学部の心理学専攻予定者が多かったが、経済学部や法学部、医学部、文学部の人もいた。学生のエネルギーに引っ張られるような感じを持ちながら、一学期間がアッという間に済んでしまった。ときにはお菓子を食べながらディスカッションをしていったが、学生のアンケートでは、印象として、たいへん楽しいグループということが目立った。一部の教員から、学生を甘やかしていると批判もされたが、他の授業は休んでもこのグループには出席するという熱の入れ方の人も多かった。このささやかな試みから、いくつかのことがわかった。

一つは、学生が主体的な学習の場を切実に求めているということだった。また、学生の文献紹介などの要領がきわめて稚拙なこともわかった。このゼミの影響かどうかわからないが、前年度には心理学専攻生が6名しかいなかったのが、フル定員の八名になった。少しは影響していたかもしれない。

たいへん楽しいグループで、学生からまた第三学期もやってみようという提案があり、改めて発足し、より専門的なことをやろうということになった。しかし、フタをあけてみると、第三学期は出席者がだんだんと減ってゆき、終了時には四名ほどになってしまった。とくに、最初、何をやるかという段階で、新しく参加した人の大半が脱落した。今でもはっきり記憶しているが、ある学生と運動場で出会ったとき、ゼミが現在どんなことをやっているのか聞かれたので、「何をやろうか検討している段階だ」と答えると、その学生は腹立たしそうに「まだそんな段階ですか」とにらみ返すように言い、スッと行ってしまった。私は何か腹立たしいような、わけのわからぬような複雑な気持でその学生を見送った。

こんな経験からいくつかの反省が頭に浮かんできた。私は何をやったのか？　ゼミで何をやろうとしたのか？　何が起こったのか？　そこから私のなかで状況を理解するいろいろな仮説が生まれてきた。一つは、このゼミの人々は私という教師を媒介にしてつながってはいたが、グループ意識があまり育っていなかったのではないだろうかと考えた。この点は、あとで二、三のメンバーに個人的に確認してみたところ、肯定的な意見が多かった。別の観点から言えば、私が中心になってグループを引っ張りすぎ、私が意図していたような効果、つまり自分で学習し問題を探究していくような態度を生み出すことが少なかったのではないか。第三学期からは急に、全体の進行をすべて学生に任せ（そう意識していたが、あるいはそうでなかったのかもしれない）たのが混乱を起こしたのかもしれない。

また、楽しいということも学習を促進する一つの要因ではあるが、それだけでは学習としては充分でない。主体的な、もっと全人的に参加するような学習場面にできないのだろうか。

ただ、このメンバーたちとは個人的にはかなり親しくなったこと、私との相互交流が展開したことに、教育的な意味がいくらかあっただろう。

昨年十月からはゼミが公認され、単位として認定されることになった。同僚の佐久間教授と協同で、もっと自由なグループを作って、主体を学生におく授業を試みた。結果は、部分的には成功したけれど、全参加者二十名のうち、レポート提出者が五名ということに示されているように、全体としてみると、充分に意味のあるものではなかったようである。

グループの発達過程を振り返ってみると、まず心理学とかゼミという従来のイメージを破壊するのに相当の時間がかかる。つまり、学生の方は教師に依存的で、漠然とした問題意識はもっているが、これまで詰め込まれてきた受動的姿勢から動き出すことには、かなりの時間を必要とするのであろう。自分自身に直面するという狙いが「研究」という枠で自分を除外してしまったこともあった（ただ、恋愛グループというN君がリーダーシップをとったグループだけは、メンバー相互の信頼感が発展し、このグループのメンバーがN君を中心に自己探究の自主ゼミへと発展してくるのである）。しかし、欠席者が予想よりはるかに少なかったことから考えると、このアプローチは将来有望であり、もっと組織的にやってみる価値があるように思う。

それに、この種の学習を進展させるには、半年間という短期間では困難なこともうかがえた。ようやく主体的な学習の動きがでてきたところで、一学期終了ということになってしまった。一年間のコースにするか、宿泊などの強力な group experience が必要になっている（当時はまだ「エンカウンターグループ」という米国の新しい方向を私は知らなかったのである）。

宿泊による強力な経験から

準備に関連したことでは、宿泊には適切な施設が必要である。九州大学第三集会所である三畏閣を借りるまでのT君のリーダーシップにはみんな驚いた。彼の活躍なしには、まず開催不可能だったに違いない。それに、大学当局から、スポーツ関係者は泊まるが、前例がないので、心理学のゼミで宿泊する理由があるかという理由書を提出させられたのには、いささか驚いた。しみじみと、大学という所の感覚の古さ、窮屈さを感じさせられた。しかし同時に、メンバーや私の気持の中には、「新しいことをやっているんだ」という、大げさに言えば現在の大学教育への挑戦という気持が出てきて、メンバーともども、かえってファイトが湧いてきた。また、討議用のプリントの用意、当日の食料品の購入、テープレコーダーその他の運搬、夜食の用意など、まさに全メンバーのそれぞれの責任とモチベーションに応じての積極的な参加があってはじめて可能になったゼミである。そこに、形式的には私という教官が参加しており、私の提案で準備が行なわれたので、大学当局の主催するゼミだが、実質的には自主ゼミとしての性格が出ていたと思う。

さて、ある土曜日の午後四時ごろから始まって、翌日曜日の午前十二時まで、食事時間を除いて十五時間、徹夜で激しい感情表現が行なわれた。この会合の教育的意味は、まだ充分明らかではないし、参加者各人によって相当異なっているように思う。ここでは、その全体の雰囲気だけを記述しておきたい。ここでは、心理学者ロジャーズの表現を借りれば、「時にはおだやかに、時には野蛮な仕方でメンバーに対して個人が自分自身になるように、その感情を隠さないように、日常の社交的なマスクを取るように要求したのである」ある人には急激な概念の崩壊がおこって、一時危険な感じさえ起こり、ストップすることさえあった。

これがどんな雰囲気で行なわれているか、私に向けられた質問を取り上げてみよう。ある学生からは「先生は政治の問題を避けているように思われます。少なくとも私にはそう見えます」という挑戦が行なわれ、これはまことに私の弱点を突いたものだった。その時、「政治はきらいなんでね」とか答えながら、私の中でいわば無意識的に避けてきた問題に取り組まされた感じで、かなり狼狽していた。しかし、今から考えると、この率直な質問が私に向けられなければ、私にとってこの会合の意味は半減していたと思う。何かが私の中で起こった感じである。

カウンセリングがめざしてきたものは、治療関係の中でお互いが出会うということである。これまでの経験では概して、相談室を訪れる学生は自分の内面的な問題を突き詰めていくが、政治的な問題にはほとんど触れていないように感じてきた。時として事後報告のような形で、「板付基地前のデモで最前線に行ってきました」とか、精神科に入院している学生から、「ヘルメットをかぶって最前線でやってきました」などと報告を受けてびっくりしたことがある。また、帰省しては、オートバイのマフラーをはずして九州横断道路をブッとばして気持いいと言っていた学生からデモに行った話などを聞き、やや意外な感じがしたこともあった。よく考えてみると、意外な感じがした理由は二つあるようだ。それは、カウンセラーとして私の中にある問題だった。「相談室に来る学生は政治には無関心である」といった固定観念が私の中に、いつのまにかできあがっていたこと、もう一つは、カウンセリングルームの「政治的中立性」に安住して政治の問題に触れないで、カウンセラーとしてというよりは、人間として政治の問題にどうかかわっていくのかを、ほとんど考えないで過ごしていたことであった。

カウンセリング関係を経験した方ならば誰でも思い当たることであろうが、クライエントは、この話をしたらカウンセラーが混乱しやしないかという、いわばカウンセラーの受容性の限界を鋭敏に感じとっているものである。だから、カウンセラーが意識のレベルでは聞いているつもりでも、真底から聞いてくれないことは相手に伝わってしまう。もちろん現実の問題として、カウンセリング・ルームを訪れる学生には、政治的・社会的関心の乏しい人が多いようである。しかし、その問題とカウンセラーの意識とは別である。この時のショックはまだ続いているが、きわめて意味深いショックだと現在も感じている。このように何でもとび出してくる雰囲気の中で、私自身の、人間として、教官として、カウンセラーとしての在り方の再検討を迫られる思いだった。参加メンバーにとってもこうした経験が一つ二つあったことと思う。そこにむしろ意義があったのかもしれない。

自主講座とは?

無期限ストライキが行なわれている中で、このゼミを自主講座として行なうべきか、それは授業だからスト破りになるのかというテーマをめぐって、メンバーの間で二時間にわたる大論戦があった。参加のメンバーは全員、学生大会で無期限ストに賛成した人たちである。ノンセクトラジカルで大管法反対を唱えて活動している闘争委の一人でもあるメンバーA君は、このゼミが自主講座の一つの典型になりうることは認めるが、自主講座とは反大学の性格をもったもの、闘争を強化するために行なうものであるから性格が違うのではないかと主張する。このゼミのメンバーの中心の一人であるB君はこの説に反対し、闘争委がそんな限定を設けるのはせまいという主旨の発言をした。無期限ストが始まって、教養部のいたるところでクラス主催の自主講座がはなばなしく開設された。クラス討論もにぎやかになった。これは確かに壮観だった。「大学立法の学習」といったテーマで、法律学・政治学・社会学の教官たちは引張りだこ。これは一般教育の授業への反逆であり、教育的には望ましいことであろう。憲法や大学立法の話も「授業」として聞いているよりは学生たちの身につくことだろう。しかし、ある教官が喝破しているように、自主講座という形式よりも、メンバーの内面的な参加、かかわり方が重要なのである。多くは「講演会」であり、自主講座本来のねらいはあまり果たされていないように思われた。クラス討論の雰囲気もオピニオンリーダー的な発言に抑えられて、ほとんど自由な発言ができないことも多いようである。これでは早晩、出席者が激減することは目に見えている。

宿泊後の第三回は、メンバーも四、五名で、みんな消耗したような感じだった。そこへ大管法反対の街頭署名から帰ったメンバーが二人参加し、討論が続いた。無期限ストライキが行なわれているが、クラス討論に参加している人も少なくなったし、中にはギターをひいたりして遊んでいる者も現われたりしている。あるクラスでは、手分けしてストライキ組を大牟田まで家庭訪問して説得したが、どうしようもない。行き詰まってきた。だから学生大会を開いて、現状をどうするか諮ってみようという意見が多く出た。その結果、投票で決まっても、無期限ストが解除されてもいいのではないか、闘争委は何をしているのか、といった意見が表明された。しかし、C君の意見は、学生大会で決定した無期限ストは学生大会を開けば否決されるだろう。大管法をたたかっていく姿勢が、それでは崩れてしまう。だから学生大会は開くべきではない。次の闘争への展望が出ないかぎり、簡単に学生大会は開くべきではないと言う。一年生のメンバーからは、もっとストライキ組がふえているという報告があった。

一方、闘争に積極的活動をしているメンバーからは、無期限ストライキをするということは、きびしいものであり、それに賛成した者は留年その他、さまざまなことが起こってくることも相当覚悟しているはずである、自分は勝つことしか考えていないということが出された。このあたりから、ストライキに入るころの各メンバーの意識の相違が明確になってくる。積極的に行動している人たちは、「革命」を目的にしている。自分の使命感もそこにあり、生命をかけてもいると信念を述べる。留年その他不利益なことは覚悟の上である。ところが、あるメンバーは、こうした活動家の信念にやや畏怖の念を感じながらも、大管法に反対はしたが、革命に賛成するつもりはない。また、そこまで考えてはいないという意見が表明される。現状ではクラス討論に参加している学生も少なくなっているからストの意味がなくなってきているのではないかという認識では、メンバー全員がほぼ一致していることが確認された。しかし、だから学生大会を開いてみんなの意見を聞き、意味がないならやめろという意見と、学生大会を開けばストが中止になるのは目に見えているから、学生大会を開く必要はない、クラス討論を盛んにするのならば賛成であるということが表明された。

また、多くの人は「理解はできるけれど感情としてついていけない」という気持である、感情をもっと大切にしなければいけないのではないかという意見が出ると、感情に押し流されてはいけないという意見が表明されたりして、この日はお互いの感情・信念の表明に終始した。しかし、このメンバーには、相手の立場を聞こうとする態度が徐々に生まれてきているようである。だからといって、各人の信念を変えるわけでもない。ここから何が生まれ、どんなふうに展開していくのか、私にもわからない。

一つの展望

学生たちがつきつけている問題の一つは、制度の改革というよりは教師や学生の意識の変革、自己変革であると思う。この自己探求のグループが、これからどんなに発展していくのか、私にも予測がつかない。ただ、これまでの試みからメンバーがカウンセラー的態度、たとえば、①メンバー間のディスカッションをする時、第一に双方の問題点を明確にすること、できるかぎり意見が相違するところを正確に知ること、それぞれの問題点にからまっている感情や態度を認めること、②相手の発言を正確に理解するように努めるなかでコミュニケーションを改善すること、③教師もメンバーの一人としての性格を強く持って、みずからも変化の過程に身をおくこと、④大衆団交といった、初めからある方針を固守するといった一方交通の会ではなく、自分自身の感情を率直に話すことができるような場を通じて、むしろ自己変革が起こるのではないか。教育改革の一つの重要な方向がここにもあるように思われてならない。対話とはきびしい。なぜなら自分が関与しているから。

私の見方は甘いのかもしれない。しかし、教育実践というものは、楽観的でなければできない性質のものではないだろうか。

〔初出〕
村山正治（一九六九）「偶感——大学の片隅から」『教育と医学』一七巻七号、六一-六七頁。加筆修正のうえ収録。

福岡人間関係研究会の創設

福人研誕生の時代風景

はじめに——大学紛争なくして福人研誕生無し

私は、十分自覚していなかったが、九大教養部に赴任した時期は、戦後日本の民主主義への疑問、安保体制への疑問、アメリカへ疑問など世界的にパラダイムシフトの時代であった。福人研（「福岡人間関係研究会」を「福人研」と表記する）が誕生した「一九六八年」は、最近七月に刊行された歴史社会学者の小熊英二の大著『１９６８』にみられるように、一年間に起った社会現象を分析するだけで、大著が書けるのである。日本を始め世界が大転換期に来ていた時期である。まさに福人研もこの年に誕生したのである。紛争の体験と当時の時代精神なしには、福人研の誕生はありえなかったと思う。

はじめに九大教養部ありき

私は幸運なことに、これも後でわかったことだが、カウンセリングポストでは、最も恵まれていた全国はじめて九大教養部にできたポストについたのである。当時の学生相談の世界では、学生相談室は大学の学生部に所属して、学生運動を抑え、補導する学生管理指導補導教員と呼ばれ、ガイダンス学に位置つけられていたのである。「問題管理主義」から今日の「臨床心理カウンセリング」「人間主義」への転換期であった。恵まれた点は学生部から独立していたこと、永年助手でなく、教授にもなれる一般教員と差別がないことにあった。

第二は時代感覚にもっとも敏感な感受性を持つ若い教養部生に囲まれていた環境であることである。私のように専門だけに目がいく視野の狭い「専門バカ」（当時の学生が教員を批判的な意味で表現した言葉）は学生から学ぶことが多かった。学生のみずみずしい感受性は、私を社会に目を向けさせた。教養部なので授業や自主ゼミでロジャースの人間論をテキストにして見ると、学生の関心が高く、心理学ゼミの受講者が一気に増えて、手ごたえ十分であった。私の自主ゼミには、教育学部、文学部の学生だけでなく、医学部、法学部、経済学部など文系、理系の秀才がごろごろしていたのである。この中から福人研の担い手が育ってくれたのである。カウンセリングパラダイム論で言えば、当時は「適応主義」から「自己実現主義」への移行期であった。

福人研設立の理念ありき

私は、中村俊夫、山田宗良らとよく話し合った。その中から、2人は福人研設立の理念を次のようにまとめている。

(1) 自分自身も含めて一人一人の意見が尊重され、活かされるような組織や社会の探求。
(2) 一人一人が自分のもつ可能性を発展させられるような組織や社会の創造。
(3) カウンセリングのような学問は、専門家だけで専有するものではなく、草の根運動として市民とともにやっていくものにしたい。

つまり、この発想は、カウンセリングやエンカウンターグループの方法や技術だけでなく、相談室や九重の体験だけでなく、それを生み出してくる社会や組織やコミュニテイの在り方を問うものであったのである。この理念は紛争の中から育ってきたのである。福人研コミュニテイは、いわばこの理念を現実化する社会的実験の一つでもあった。

こうした理念を実際化するためには、私はシカゴのチェンジズ訪問、ロジャースのCSPの組織、私自身のゼミ運営体験から以下のような原則を設定することになったのである。

(1)　参加するネットワークではお互いが利用し利用される存在である。お金を払ってお客になる会ではない。カリキュラムを設定し、料金を取って訓練するいわゆるカウンセリングスクールではない。会員制ではない。

(2)　固定したリーダーは置かない。ある時期から村山が代表になったが、形式上である。

(3)　定款等の会則を作らない。いつでも活動を停止できる体制を作っておく。

(4)　必要最小限の組織上の構造（事務局長、エンカウンター通信編集者、会計）の三役が必要である。代表もなかったが一九八七年から村山が務めた。紆余曲折があって現在は村山尚子がこの三役を兼ねている。

(5)　人間関係とエンカウンター通信がこの会のつながりである。正月の新年会が企画会になり、一年のはじまりになる。

(6)　小規模な人数。

(7)　異なった価値観と共存できる努力。

(8)　関心のある人が企画し、意味があると感じる人が参加する。できるだけ、自発性を尊重する。無理に参加する必要もない。企画は、必ずしも全員一致の必要ない。会員の所属感を維持するためには会員にプロセスを知らせておく必要がある。エンカウンター通信が威力を発揮する。

(9)　名称は、一九七〇年に畠瀬稔さんが、ＣＳＰに留学してエンカウンターグループを学び、京都女子大でエンカウンターグループワークショップを開催し、以後人間関係研究会ができてそのネットに参加したので名称を福岡カウンセリング研究会から福岡人間関係研究会と改称した。

(10) 模索を認める自由な雰囲気、年表を紐解けば、斬新で、時代を先取りしたさまざまな活動が展開していることがわかる。「女の館」、宿泊できない人のために、五回の「通いエンカウンターグループ」も試みており、また「スタッフ充実のためのエンカウンター」ではビデオを用いたファシリテイター訓練方式の開発などを行っていることがよくわかる。

〔文献〕

村山正治・上里一郎(一九七九)『セルフ・ヘルプ・カウンセリング』福村出版
村山正治(一九九三)『エンカウンターグループとコミュニティ』ナカニシヤ出版

〔初出〕

村山正治(二〇一一)「福岡人間関係研究会40年の活動を支えた考え方」『エンカウンター通信』四〇〇号記念特集号、二—四頁。加筆修正のうえ収録。

エンカウンター通信四〇〇号巻頭言
――おわりとはじまり

　エンカウンター通信は、本号で四〇〇号を迎えます。しかも、最終号になります。エンカウンターグループを媒介にして成立した福岡人間関係研究会（一九六八年）の「エンカウンター通信」第一号は、青焼きで野島一彦さんの手書きでした。この度四〇〇号をお届けすることに誇りを感じます。これまで福人研の活動に、心を寄せていた人たち、歴代の編集者のエネルギー、熱心な寄稿者の人たち、べ平連の石崎印刷さんの心からの支援、毎月発送を担当した方々、通信の購読者として静かに通信を支援いただいた方々、こうした方々のご支援のお陰で四〇〇号を迎えることができました。編集後記にあるように、編集長村山尚子が音頭をとった素晴らしい最終号になったと確信しています。この記念号を皆さんが福人研とかかわりを持った記念として、楽しんで、懐かしんでいただけたら嬉しいことです。皆さんの感想をお待ちしています。

　福人研の活動は、日本だけでなく、世界におけるエンカウンターグループの歴史の中で、「九重（その他での）集中ＥＧワークショップ」「日常性と連続している月例会」その多彩な活動と皆さんをつなぎ、ご自身の自己実現の場である「エンカウンター通信」とが三位一体の活動を四十年も展開、継続してきたことは、私の知る限り、世界に例を見ないことです。エンカウンターグループの歴史に残る活動であると自負しています。自分をグループの中で確認し、こころを整理し、人との信頼関係を築く体験は、「静かな革命」と呼んでも良いのではないでしょうか。

国立大学九重研修所と九大山の家、あの温泉と大自然、自主管理的自由さはエンカウンターグループ合宿に適し、「日本のエンカウンターグループのメッカ」といわれ、全国から参加者が集まります。しかし九重エンカウンターグループも二〇一一（平成二三）年十二月に最終回を迎えました。とはいってもこれでエンカウンター活動をやめるわけではありません。きっと新しい何かが生まれてくるでしょう。

［初出］
村山正治（二〇一一）「四〇〇号巻頭言」『エンカウンター通信』四〇〇号記念特集号

第 5 章

ロジャーズ研究所体験

【ロジャーズ研究所（1972～1973）】

私はロジャーズのどこに魅力を感じたか

はじめに

私は一九七二年四月〜一九七三年八月まで、ロジャーズの研究所に留学していました。私にとって、ロジャーズの考え方とか彼の理論はどこが魅力だったんだろうな。カウンセリングもあるし、精神分析とかさまざまの理論がありますよね。だから皆さんそれぞれ、自分にとってピンとくる流派を選べばいいんですね。私にはロジャーズがピンと来ちゃったんですね。

人間は一人ひとりが代理不可能な存在である

パーソナリティ理論の第一条に書いてあります。人間は絶えず変化しているプロセスにいる。だから、その人の事を知ることができるのはその人だけであると説いています。ここは大事な点です。

うっかりすると専門家は自分の方がその人のことをよく知っていると思いこみやすい。危ないことをやります。そうじゃないんだよ、その人自身しか知れないんだよ、っていうことをはっきり言った人。つまり、今日、当事者性が非常に大きな問題になっているね。一九五一年のころすでに著書でピシッとロジャースは言ってます。人間、その人が一番大事なんだ、その人しか知ることができないんだ、だからロジャーズのカウンセリングは、その人が自分を理解するためにやるわけでしょ。そこが原点ですよ。それが気に入ったのね。

人間は実現傾向を持っている

それから二番目です。ロジャーズは、そういう人間が自分自身をきちっと実現できる実現傾向力を持っているんだっていう、人間一人ひとりが実現傾向っていう力を持っているぞ、という仮説をバッチリ出しました。ロジャースはそれは自分の心理療法の体験から学んだと言っています。そういう意味で人間についてのポジティブな考え方、これはフロイドとは根本的に異なる。つまり人間に対するポジティブな考え方をきちっと出した。

民主主義の基本としてのＰＣＡ理論

それから第三点目は、アメリカ民主主義の本質をＰＣＡの実践から学びました。私は戦争中の生まれですね、一九三四年生まれです。小学校の三、四年生時から終戦の年までだったんだけど、集団疎開で福島県会津滝谷の旅館に百人ほど集団生活をしていました。終戦を境に「戦中の軍国主義」から一夜にして「戦後の民主主義」に大転換でした。それから世の中が変わっちまいましたね。

私が民主主義を学んだのは、実はロジャーズのカウンセリングの理論と実践のお蔭なんですよ。憲法も概念として、学校で教わりました。ロジャーズのカウンセリングを実践する中で、ロジャーズの本を読む中で、民主主義ってこういうものなんだ。一人ひとりを大事にしていくことなんだ、と学んだのは、実はロジャーズさんと、ＰＣＡの実践をやってからなんです。

成長への3条件

それで、四番目です。人間の持っている実現傾向はある種の対人関係の条件の中で一番発揮されるんだ。皆さんがお馴染みの3条件、そういう人間関係の条件の整った中で、一番育つんだ。そういうのをバシッと出しました。これはかなりリサーチエビデンスを積み重ねています。この仮説を正当化するデータはかなり出ています。実現傾向とかね、個人の成長力は、定義可能な対人関係の中で一番発揮されたり、それが育つと彼は言ったんです。ロジャーズ理論の核心の一つと私は見ています。

臨床体験の重要性

五番目です。自分自身になっていくプロセスを彼はどんな道をたどったのだろうかに関心ありますよね。私が学んだのは、彼は臨床経験とか自分の人生経験を軸に展開することを徹底的に大事にすることでした。フロイドも、ロジャーズの理論もどの理論よりも一番大事なのは自分の体験、自分の臨床体験から学ぶことだ。そこがすべてなんだ、そこからいろんなことを引き出せ、ということを言ってる人です（kirschenbaum & Henderson, 1989）。

渡米中に、ロジャーズさんから学んだ一つのことは「ショウジ、君はどう考える」の問いでした。要するに「お前はどう考えるんだ」、ということを絶えず問いかけられる。言い換えれば、「ショウジ、自身の自分の考えを作るんだ、俺の考えを言ったってそれは俺の考えだ、ロジャーズの考えを参考に。君はどう考えるんだ！」

そこに私はロジャーズの厳しさを感じました。「私はロジャーズの考えについていきながら自分の考えを発展させることが大切なんだ。それは自分に許されることなんだ」と思いました。

［文献］

kirschenbaum, H. & Henderson, V. L. (Eds.). (1989). The Carl Rogers reader. 伊東博・村山正治（監訳）（二〇〇一）「私を語る」『ロジャーズ選集（上）』誠信書房、七－三一頁

［初出］

村山正治（二〇二〇）「私らしく生きるプロセス――60年にわたるＰＣＡ理論と実践から学んだこと」『カウンセリング』五二巻一号、三一－三三頁。加筆修正のうえ収録。

ロジャーズ研究所体験での驚き

私は一九七二年四月～一九七三年八月にかけて一年半、ロジャーズのところに居ました。いろんな体験をしました。日本にいては気が付かなかった事を、いくつかお伝えしておきたいです。私にとっては初めて外国に行く体験で、まあ三十八歳だからちょっと遅すぎますけどね、言葉の問題もいろいろあったり、家族も連れて行ったから小学校など、教育や地域の生活体験など幅広くいろいろ体験しました。

個人療法でなくEGを媒介とした世界平和への貢献

ロジャーズとの接触のなかで一番ビックリしたのは、一九七二年に留学したとき、すでに彼は個人療法をやってなかったんです、個人カウンセリングを。何をやってたか、先に話した、世界平和運動。各国、例えばアイルランドの宗教紛争とか、アメリカ、アフリカとかの人種差別問題とかさまざまな紛争解決とかにファシリテーターを入れて、対話を促して、それなりに参加メンバー達が解決に向かって動きを創り出すEGを世界各地で展開していました。彼はそれを自分の一生涯の仕事として一九八七年に死ぬまで実践していました。これはショックでしたね。私にとって大学紛争が個人カウンセリングの大事さとその問題と社会との関連を学ぶ機会になっていました。私なりに試みた合宿体験、紛争体験で私の課題の一つとなっていたことが、ロジャーズたちがすでにシステマティックに取り組んでいるのを見たからです。アメリカに行って、その問題意識がもっと強固にされたのです。ロジャーズの研究所に行ってみると彼はそれをまともに取り組んでいた。しかも、大事なのはデモをやったりするんじゃないの。自分の作ったカウンセリングやエンカウンターグループの手法を活用して世界平和に貢献する。ちょっとね、私には考えられない発想でした。つまり異文化の相互理解に一生懸命挑戦し取り組んでいました。

カウンセリングは問題解決でなく自己肯定感の育成

それからもう一つロジャーズから学んだことは、ロジャーズという人は確かに自分に厳しい人でしたが、「挑戦者なんだ。チャレンジャーなんだ」。つまりロジャーズの持っているカウンセラーというイメージが私の中では変わりました。考えてみると、彼が新しいやり方でカウンセリングを作りました。基本的に、先述しましたように、人間は安心できる場、何を言っても受け入れられる関係のなかでないと変化しないんだ、という事を彼は言い続けて、実践と研究データを蓄積しました。それは従来、「カウンセリングは問題解決だ」と思われていた。それをひっくり返した。彼は一種の革命家なんだよね。従来の考え方をひっくり返す、従来のカウンセリングは問題解決だ、と言われていた。一九四二年に彼は新しい本を出しました。そして一九四七年、アメリカ心理学会で有名な会長講演をしました。そこではっきり述べていますけれども、皆さん、これを言ったほうが分かり易いので、簡単にいいます。失敗ケースと成功ケースの逐語記録を作成し綿密に事例検討を行った。両方、何が起こっているかっていうのを調べた。すると、成功事例も失敗事例でも両方とも「問題解決していない」（笑）。問題解決っていうのはどうも嘘じゃないか。成功ケースの一番大事なポイント。成功事例では「自己イメージが肯定的になった」ことを発見しました。それは自己イメージが肯定的になればクライエントは自分で課題に取り組んでいくわけですよ。問題解決が主ではなくて、自己肯定感の向上が決め手である。ご本人のパーソナルパワーをアップすることで、自分で課題に取り組んでいける。彼はそういう事を見つけました。それはセラピストたちの録音記録のデータから見つけたのです。もともとロジャーズは新しいカウンセリングの方法を提示（一九四二年）以来、相談行為を医師の独占からサイコロジストに開放した革命家です。したがって当時のアメリカの精神科医、精神分析家達から医師免許証をもたないで医療行為をするペテン師と散々たたかれました。ロジャーズはだから自分のカウンセリングの効果を証明するために膨大な研究をやりました。「見てくれ、これだけ効果あるぜ」とね。社会と戦う時は、彼は謙遜するんじゃなくて、ちゃんと科学者としてやったことをきちっとデータを示す。エビデンスで示す。嘘じゃないことを示す。事実を作っていく。彼の科学者としての強さと厳しさを学びました。

親切な対応

それから、これもさっきお話しましたけれど、一年半でいろいろお世話になったんですけど、「ショウジ、どう考える?」というのが彼の得意の私に対する問いかけでした。ただ、私の留学の期限が切れるんで、ビザを半年延期する必要に迫られ困っていました。そのときに、ちょっと困っていると言ったら、バッと「じゃあ、この俺の履歴書持って行け」と言うとすぐ彼の履歴書を私に手渡しました。私は移民局にそれを持って行ったら、彼は超有名人ですからすぐ滞在延期許可が出ました。そういうときに、こちらの危機に対してはバッと対応してくれる。その辺が何かすごい人。そういう意味では。何もしていないようでちゃんと見ているというか。さきにお話した私の京大時代に助けて貰った教授たちみたいな……。あー私もああいう先生になりたいなと思うけれどなかなか難しいんだ。でも、私のイメージの中ではロジャーズのポイントを外さないすごさを感じとっています。

そこにただ存在しているだけ（プレゼンス）

もう一例あげておきましょう。

アメリカに行った初期の頃、私は英会話がまだ不十分でした。アメリカのパーティーって、日本みたいに主役はご馳走でなくおしゃべりがご馳走です。だから言葉ができないっていうのは致命的なんだよね。私と妻は困っちゃって。ふっと見たらロジャーズが隣にいるんだよな。それで「ショウジ、言葉がダメか？」とか「どうしてるの？」とか一切言わないの。そこにいるだけ。あれがロジャーズ流のやり方なんだろうね。だからそれが正しいとか、あるいは他の人がそれをやれ、って私は言ってるんじゃない。ロジャーズのやり方、そういう時に、じっと黙って温かく見守る。

つまり私どもが困っている事をシェアしている。「お前、困っているんだね」とも言わない。つまりこちらがね、居ることでの安心感。へたに言葉を使われると、「何か返って気を使わせているな」、「ロジャーズに気を使わせちゃったな」（笑）、そういう気を起こさせないで、そこに居るというすごさ。あれは参ったね。でもまあロジャーズしかできないやり方だろうな。私だったら喋ったりなんかするよ、多分ね。だからそれはそれで良いと思いますけど、自分のやれることをやったらいいんですよ、人間ってね。ロジャーズにはお世話になったな、その辺のことがあったな。

非言語的レベルの感知能力

あとは、ロジャーズの天才的な能力の一つは、彼は耳がいいっていうか、別の表現では、非言語レベルのこっちの言いたいことを理解する名人だった。ここに関係ある事を一つ言いますけど、さっき柘植先生の話をしました。で、ロジャーズがある雑誌を編集することになって、私を呼んで、「日本人は誰を入れる?」とかっていう話になったときに、「ハルもね」と柘植さんのことをハルって呼んで、「ああそうですね、柘植さんいいですよ」って言って、私は、自分の名前は言わなかったんだけど、本当は入りたかったんだけど（笑）、そしたらロジャーズ「あ、君もね」って（笑）。それがね、人の心を読まれたっていう感じがしないところがすごいんです。読まれると嫌ですよね。読まれたって感じがあると、何かその辺のタイミングというかな、絶妙なこうアンテナね。あれはちょっと天才的な能力のある人ですね。もう何回もそういうのがある。日本からTグループ専門家夫妻がCSPに来るので「日本から来るから、ショウジ、君ちょっと来てくれ」とロジャーズから電話がありました。ご夫妻とロジャーズの会話の中で、奥さんが何か言ったら、（何を言ったか記憶にない）ロジャーズが応答したところ、すごく理解して貰ったみたいで、奥さんが嬉しかったのでしょうね、バーッとロジャーズに抱きついちゃったんです。抜群の何か理解力、そういうちょっと素晴らしい力を持ってる方ではありました。

時代精神、って書きました、これ大事。ロジャーズに感心するのは、今、人類がどういう方向に進んでいるんだとか、アメリカの社会がどんな課題を持っているのかとかにすごく敏感な人だ。私に言わせたら、私が持っていないある種の政治的な感覚を持っていました。これはやっぱり日本文化とアメリカ文化の違いかな、と思いますね。ベトナム戦争なんかにしてもすごく反対していました。日本の中でそんな事を言ったら総スカン食っちゃって直ぐに組織から出されちゃうかもしれないけれど、そういう時代的な感覚に彼はすごく優れていました。それにチャレンジ、っていうのが彼のやり方、生き方でした。つまり、彼の六十代~七十代にかけてはそういうアメリカの社会的な問題に対してエンカウンターグループを活用して対立の緩和に、エネルギーを使った。そういう意味でも、すごく私は感心して、帰国しました。

［書き下ろし］

ロジャーズ研究所

今回はアメリカに起こっている組織変革の動向の一端に触れ、その実例として、カルフォルニア州ラホイヤにあるCenter for Studies of the Person（以下、C・S・Pと略記する）の現状を報告しておきたい（一九七三年当時の状況である）。

アメリカにみる組織変革の動き

自然環境とならんで、現代のわれわれは、組織——人間が必要に応じて形成した人工的環境の一つである——の中で生きている。二一世紀の潮流の一つは、この組織をいかにして人間化《ヒューマナイズ》するかという問題に取り組んでいることにある。

官庁、大学、学校、企業、組合、学生団体、教会団体、学会、軍隊にいたるまで、われわれはさまざまなグループに属している。しかしながら一九六〇年代後半から問われたことの一つは、〝管理社会〟からどのように人間性を回復するかということである。

組織はひとたびできあがると、ある種の自律性を獲得し、当初の目的から離れて、組織の維持だけ、あるいは組織の利益だけを追及するようになる傾向がある。とくに今日の大組織は、ともすれば、公共の利益よりは、自己保守や権力を求めたり、組織のめざす特殊な利益のみを追求しようとする傾向がめだってきている。また変化に頑固に抵抗する。われわれは大組織の中にいると、その変革に対しては非常な無力感に襲われることが多い。

私が滞在していた一九七〇年代の動向をとりあげる。アメリカでは〝組織と人間〟の問題に対して、四つの重要な変化ないし動向を指摘することができる。

(1) 組織の中で、専門家群が増大してきている。新しい専門職業の増大と、従来の専門職業の拡大とが重なって、ますます増加してきている。職業主義のもつ根強い特徴の一つは、官僚主義に反する傾向である。専門家たちは、たまたま自分の所属している組織に忠実になろうとするよりも、自分の属している専門家グループに、より忠実になろうとする傾向がある。したがってこの傾向は、専門家たちの転職の可能性を高めているし、組織から独立する傾向を促進している。実際、アメリカの専門家——とくに私の場合は心理学だが——たちの移動のはげしいのにはびっくりする。日本のような終身雇用制を前提とした採用でなく、はじめから年限をきめた契約制をとっていることは、さらにこの傾向に拍車をかけている。

また、元来、専門家というものは、組織の中で高い地位につくよりも、個人的な業績をあげることに満足を見出す傾向がある。したがって、彼は、自分の所属している組織が与える地位――これも重要であるが――よりも、仲間の専門家群が与える評価の方を支えにする傾向がある。こうして、組織から離れて独立する傾向が顕著である。

(2) とくに大企業や政府機関で起こってきている変化であるが、目的や課題に応じた組織を作っていく方向である。現代はわれわれにさまざまな複雑な課題を投げ返してくるので、従来のような官僚機構にしばられた組織では、課題解決が困難になってきている。そこでプロジェクトチームや、タスクフォース、一時的なグループの形成がなされている。特定の任務が終れば解散する。

(3) 若い人たちが中心になって行っている実験である。この傾向はまだ新しいので、充分な注意をひいていないが、六〇年代後半から顕著になってきている新しい価値観を示しているので興味深い。

その主要な点は、きちんと形式のととのった組織よりは、親しみのもてるスタイルで、メンバーがリーダーシップを分けあい、お互いを尊重し、地位などにこだわらず、統制のメカニズムをなくし、創造性と〝自分の責任で自分の好きなことをやる〟ことに力点をおいた組織である。

あとで述べるロジャーズらの組織であるC・S・Pは、こうした組織をめざして実験を行っている一例である。

もう一つは、最近の考えではないが、マサチューセッツ工科大学の経営学の教授だったダグラス・マグレガーの理論に基づく動向である。彼は組織を、〝理論X〟で代表される否定的で冷淡で閉鎖的スタイルと、〝理論Y〟で表わされる協力的で、肯定的、開放的なスタイルによって比較した。

〝理論X〟にみられる人間観は、人間は基本的に怠惰で、利己的で、創造的でないと仮定している。したがって経営者は責任を部下に分け与えるよりも、たえず、管理し、指導し、強制しなければならないとする。〝理論Y〟の人間観は、人間は働く意欲をもち、自己決定し、自己推進的で、それぞれが創造性をもっている。だから、経営者の役割はこれらの資質が発現するように条件をととのえることである。

さらに大切なことは、もし、われわれが人間を怠け者として扱えば、実際に、人間は怠け者のように反応する。したがって、従来から組織は〝理論X〟に基づいて形成されているので、そこから生まれてくる人間の反応が人間の基本的な性質であるとみなしてしまったのである。この結果、組織内の人間関係は疑惑、不信、一方的な伝達、権威の集中化などが起こってきていた。

この〝理論Y〟を実現する方向の一つとして、組織内にエンカウンターグループやTグループなどを導入して組織内のコミュニケーションの改善をはかっている。

Ｃ・Ｓ・Ｐ――二一世紀の新しい組織への実験

設立と目標

一九六八年後半に、西部行動科学研究所（ＷＢＳＩ）にいたサイコロジスト、教育者、牧師、映画製作者などがロジャーズを中心にして設立したものである。ロジャーズは、「まだ設立の目標と理想を充分実現しているとは言えない」と述べているが、設立の目的は「人間としての生活の豊かさと充実を目標にし、また人間の生活の豊かさと充実とは何であるかを、もっとよく理解しようとする」としている。

所長（ディレクター）はいてもノンディレクター

Ｃ・Ｓ・Ｐの特徴の一つは、〝管理機構〟を徹底的に少なくしていることであると思う。もちろん、所長をはじめいくつかの委員会があり、これらは選挙で選ばれる。しかし、所長は自分のことを〝ノンディレクター〟と呼んでいるように、他のメンバーに対する権威をまったくもたない。当時は、二八歳、大学中退のデーヴィド・メドウさんが選ばれていた。彼の仕事は、対外的な事務の処理と、経済状態のチェック、メンバー全体のための催し（たとえば、レクリエーションとして週末に宿泊で近くの大農場に出かける）とかいったものである。〝所長〟以外は全員が〝メンバー〟である。だが、外部に対しては、各メンバーは、自分がC・S・P以外で仕事をするとき役立つようなどんな肩書き（〝所長〟という肩書きを除いて）をも使ってよいことになっている。ロジャーズ博士は、〝レジデントフェロー〟、私ども訪問研究員《ビジティングフェロー》を世話しているマリア・ボーエン博士は外国留学生部長《プレジデントオブボードオブフォーレンステューデント》といった肩書きをもっている。

小さな建物と小さな看板にびっくり

ロジャーズ博士がメンバーの一員であることからこのC・S・Pは世界的に有名であり、日本からもしばしば訪問者があらわれる。しかし、私も含めて、たいていの人は、〝研究所〟の小さな建物にびっくりする。この小さなオフィスの中で、水曜日のスタッフミーティングではすばらしいプロジェクトのアイディア、討論、サポートなどダイナミックで家族的雰囲気、仲間としての共感が展開しているとは、ちょっと想像しがたいことであろう。

もう一つ、外国からの留学生にとって、はじめ当惑することは、C・S・Pがビザを発行できないことである。スコットランド、スペイン、フランス、日本、ベトナム、スウェーデン、ブラジルなど留学生は世界各国から来ているが、そのビザは、米国務省の交換留学生として認められるものである。現在のところ、C・S・Pは国務省に登録していないので、ビザは発行できない。責任者のマリア・ボーエン博士に聞いてみると国務省に登録するためには、経済的問題、帳簿の整理など、さまざまな条件を備える必要がある。われわれは、それらの条件をすぐそろえることができるし、外国からの留学生も多いので考えたことはある。しかし、それにともなういくつかの拘束を好まないのだ」という趣旨のことを話してくれたことがある。

オフィスの建物にしても、間借りしているのだが、自分たちの建物をもとうとする動きはないようだ。その理由はいろいろあるらしいが、最大の理由は、建物を所有することは「組織の流動性を保つうえで賢明ではない」とするところにあるようだ。その当時、約四五名のスタッフがいたが、だれかが「メンバーが多すぎるから別のものを作ろうという提案をするかも知れないし、一〇年後には解散するかも知れないし、組織変えをするかも知れない。だから、永久的な建物を買ったりするのは賢明ではない」と考えていたようである。このように彼らは、自分たちの活動の自由を拘束するようなものはできるだけ少なくしようとしていることがうかがえる。

全メンバーは平等の発言権

C・S・Pのメンバーになりたい場合、通常次のようなステップが必要である。ある期間、メンバーがやっている活動に参加する必要があるがある。そして、かなりの期間参加して、本当にメンバーになりたいと思って、志願すると、スタッフミーティングで投票にかけて決定するのが原則のようである。いったんメンバーとして受け入れられると、まったく平等の発言権を獲得する。新しいプロジェクトを始めようとする場合、だれの承認をも得る必要はない。どんなことでもやれるし、メモという形でみんなに自分の考えを知らせることができる。しかし、同時に、その呼びかけに応じないことも、応じることも各メンバーの自由である。

こんなことがあった。あるメンバーが〝無目的・無方針バス旅行〟をレクリエーションとして提案した。マイクロバスを借り切って、どこへ行くかは車上で相談し、みんなの行きたいところに行く。宿泊したくなれば、スリーピングバッグをもって行って、橋の下でも、テントを張って寝るといったプラン。おもしろそうなので、私と妻は参加申し込みをした。しかし、出発一週間前になっても、参加者が五名にすぎず、結局中止になった。〝だれかが提案したのだから、行かなければならない〟といった日本的な同調性は乏しいようだ。できるだけ自分の気持ちに忠実に従うことのできる自由な雰囲気を作りあげているようだ。

収入は自分で稼ぐ

各メンバーは自分自身で収入を得る道をもっている。あるメンバーは、本を書いた印税で生活している。C・S・Pのカウンセリンググルームを部屋代を払って借り、個人カウンセリンダやグループカウンセリングをやって稼いでいる人もある。財団から研究資金を得ている人、近くの大学にカウンセラーとしてパートタイムで勤務している人、自宅でカウンセリングオフィスを開いている人などさまざまである。記録映画を作って生計をたてている人もいる。とにかく、どんな方法であれ、自分の責任で自分の収入を稼ぐことが要求されている。だれかが収入の道を失ったときには、他のメンバーはいろいろ示唆するが、だからといって、収入を保証はしないのである。

かくて、C・S・Pから月給をもらっているのは、〝セラピストのセラピスト〟とも〝コーディネーター〟とわれわれが呼んでいるジョアンさん——受付、会計などの事務いっさいをやっている——一人だけである。あとのメンバーは、月二〇ドル（当時の額）のメンバー費を支払っている。

こうした事情からもわかるように、収入を稼ぐ方法に関しては、徹底した個人主義がつらぬかれている。つまり経済については、だれも雇用者-被雇用者という関係をもっていないところに特徴があるといえよう。したがって、メンバーの経済状態はさまざまで、比較的豊かな人から、赤貧洗うがごとしといった人もいる。経済的に各メンバーが独立していることは、各メンバーの心理的独立の一つの支えになっているように思われる。

多彩なスタッフと活動

もう一つの特徴は、スタッフの活動が多彩であること、また、その各スタッフメンバーの独自性をのばしていこうとする雰囲気があふれていることである。ある日のスタッフミーティングのメモ（ロジャーズが一九七〇年ごろ書いたC・S・Pに関する文章から引用）をあげてみれば、どれほど多彩な活動をしているかが理解できよう。

一一〇〇名に及ぶある宗教団体から、エンカウンターグループの依頼があった。

航海中の海軍軍艦の中で、全将校や乗組員に人間関係のワークショップを行う話。

三つの大きなカンファランスを組織するよう依頼されることになるだろうという話。

青少年麻薬常用者の治療と研究のための提案が資金を得られそうなこと。

青少年と麻薬に関する教育映画の作成に成功した話。

創造的グループリーダーシップワークショップを、一〇週間にわたってカルフォルニア大学サンディエゴ校で行うことが報告された。

メンバーの一人は、一年前に他のメンバーが行った〝学習コミュニティ〟に参加したある教授が〝劇的な変化〟を起こしていることを報告した。

あるメンバーは近くのグロースセンターの研究員のためのプログラムを指導するようたのまれた。

あるスタッフは、近くメキシコに出発し、三週間滞在して、一軒の家を自分たちの手で作ることを手伝い、またメキシコ在住のサイコロジストのコンサルテーションを行う予定だと話した。

あるメンバーは、彼が作成しているエンカウンターグループのカセットのシリーズを持ってきて、技術的な援助を求めた。

妊娠中絶審議会を支持するための請願書が廻された。

一人のポストドクターフェローは、まもなく二つの心理学センターと精神医学センターを訪問し、そこで学びたいと述べた。

あるメンバーは、自分の所属する大学のスタッフの人たちに課題解決グループワークショップを行い、ファシリテーターをつとめた。不安をもちながらやってみたが、一日ワークショップで多くの進展がみられたことを聞いて一同よろこんだ。

メンバーをつなぐスタッフミーティング

現在のところ毎週水曜日午後三時～五時ごろまでスタッフミーティングが開かれている。多彩な活動を行っているスタッフ間をつなぐパイプの役割を果たしているのが、このミーティングである。重要なビジネスやスタッフ全体に関わる議題はここに出されるが、その特徴の一つは、親しい家族的雰囲気にある。通常は、C・S・Pのグループルームで開かれるが、平均二カ月に一度くらいは、スタッフの家ないしアパートで開かれることがある。こういうときは、たいていワインとか、ビール、ジュースなどを飲みながら、お互いの経験を話し合い、悲しみやよろこびなどをわかちあう。

また、スタッフミーティングには、夫婦ともスタッフであるサイコロジストも多い。しかし、そうでなくても、スタッフの妻ないし夫は自由に出席できる。

ときには激しい討論

スタッフミーティングはスタッフ各自が自分の感情を率直に表現する場でもある。だから、当然、ときには、激しいやりとりになることがある。

あるスタッフから、C・S・Pのスタッフでない人が行っている国際的なプログラムが、あたかもC・S・Pが主催しているように書いてあるのはおかしいというアピールがあった。そのプロジェクトにはコンサルタントとして、ロジャーズ博士と他のスタッフが名を連ねていたが、実際には、C・S・Pのスタッフはタッチしていないものだった。これは二週間にわたってかなり激しい討論があった。ロジャーズ博士らは、自分は名前を貸すことに異存はない。この計画は国際理解に貢献しているといった応答をした。しかしその発言者は、コンサルタントとして名を連ねるのはいいが、実際に関与していないプロジェクトにC・S・Pの名前をつけるのは問題であると言い張って、かなり激しいやりとりがあった。

また、あるスタッフがエロティックアートショウをやるプログラムを実行に移していたときのことである。C・S・Pはメンバーはだれでも自分のしたいことをやれるというのが原則であるが、同時にスタッフミーティングでそれに対する反応を表現することも自由であるから、さまざまの意見が出た。C・S・Pをセックスの前衛にしたくないし、こうしたショウは不愉快だという意見、何をやろうといいではないかという意見、何をやってもかまわないが、ショウの企画責任者の名前を入れてほしい、そうでないと、C・S・P全体がこの企画に参加しているように誤解されるおそれがあるなど、なかなか活発なやりとりがあった。結局この企画は実現しなかった。

全人的学習の場

C・S・Pは私の印象では、われわれの知的な欲求と情緒的な欲求、所属感を満たし、冒険心、創造性を養ういわば全人的学習のセンターのように思う。高度な知的情報交換の場としては、たえずスタッフから新しい経験やセラピーやエンカウンターグループの録画フィルム、本など、あらゆる情報が耳学問として入ってくる。また、よろこび、親しさ、温かさ、怒り、悲しみなど、お互いの感情をわけあい、情緒的なきずなをたしかめあえ、深めあえる場でもある。各メンバーの心のふるさとである。管理がまったくないといっていいほどお互いの信頼に基づいた、組織でないような組織、私はここに現代のわれわれが失っている何かがあるような気がしている。

［初出］
村山正治（一九九三）「C・S・P――パーソンセンタードオーガニゼーション」『エンカウンターグループとコミュニティ――パーソンセンタードアプローチの展開』ナカニシヤ出版、五八-六六頁。加筆修正のうえ収録。

ロジャーズ研究所滞在記

私ども家族五人は一九七二年三月下旬から一九七三年九月上旬までの約一七ヵ月、カリフォルニア州サンディエゴに滞在した。私は Center for Studies of the Person という小さな非営利組織の研究所の訪問研究員として滞在し、カウンセリングでは世界的に有名なロジャーズ博士の下で研究生活を送った。ここでは、「九大学報」編集部の依頼でわれわれ家族の留学の費用、くらし、印象に残っていることなどを書くことにした。

家族同伴渡米のこと

ときどき「奥さんを連れて行ったんだそうね」とひやかされることがある。それには、私の場合次の三つの理由があった。第一は渡航費用は高いけれども、家族が別れて二重生活するよりは経済的に安くつくこと、第二は海外研修経験者にあたってみると、家族連れをすすめた人が多かったこと、第三は私自身の精神的安定のために家族が必要であると考えたことなどである。結果からみると、私の英語の進歩がおくれたかも知れないが、それを補って、単身では味わえないアメリカ人との家族ぐるみの交際や、子どもの学校教育はじめ日常生活でぶつかるさまざまの問題を通して学ぶところが多かった。私はやはり同伴渡航をおすすめしたい。

子どもの教育のこと

これは頭を悩ましたことの一つである。渡米時に長女（小二）、長男（小一）、次男（三歳）だったが、比較的低学年なので、英語で苦労はするだろうが、帰国後の日本の学校への再適応はあまり問題にならないと判断した。アパートから徒歩一〇分ほどのベイビューテラス小学校に長女と長男を入学させた。入学手続きはごく簡単で、手続きをした日からもう授業に出た。校長さんのはからいで最初の一学期間は、二人一緒に一年生のクラスに入った。学校生活は予想していたより楽だったようだ。最初の半年間は米語の授業が理解できず居眠りなどよくしていたが、一クラス二五人編成だし、友達もできたので心配なかった。それに入学当日、日本人を母親にもつある生徒を学校側から紹介してくれ、またその家族とも親しくなり、学校生活のことはまったく心配しなくなった。おまけに、私がPTAの役員にされる経験までについて、学校生活に関しては、子どもたちも私どもも本当に満足している。むしろ、帰国して日本の学校へ適応することの方がむずかしいくらいだった。帰国後、長女は四年生に編入したが、国語、社会科、算数など一学期はとまどってしまい、まだおくれを充分取り戻していないようだった。長男は二年生なので学科への適応は問題ないが、「勉強が多くてハードだね」というのが彼の日本の小学校の印象である。次男は在米中もアパートにいて遊んでいて、時々一時保育を依頼しただけで学校らしいものへは行かなかった。ナースリー・スクールも近くにあったが、私立なので費用が高く、入れてやれなかった。公立小学校は給食費は別だがあとはすべて無料で、教科書、鉛筆にいたるまで学校に用意してあった。海外での生活経験が子どもたちにどんな影響を与えているのかはまだよくつかめない。米語が上手になったことだけはたしかである。また高学年の場合、日本の学校への再適応は学習面で大きな問題となるかも知れない。長期間滞在する場合、現地の日本領事館から日本の教科書の配布が受けられるので自習させることはできる。

アパートのこと

これもピンからキリまである。予算に応じていろいろ選択できる。部屋の広さ調度品、地域の状況などにより家賃が異なるようだ。情報は簡単に手に入る。新聞広告、地域の週刊広告情報紙、また「貸し屋あり」という看板の出ているところを探して直接交渉してもよい。一ヵ月も住めばこうした事情はすぐのみこめる。私の場合は、教養部生物学教室の岡山助教授の紹介で在米の日本人に世話してもらった。一四五ドル、二ベッドルーム、家具なしのアパートを借りてもらった。家具つき（寝台、ソファ、電気スタンド類）だと月二〇～三〇ドル位高くなる。ガス・電気代は月平均一二～一六ドル位。大型冷蔵庫、オーブン、自動暖房装置付きである。風呂などお湯はいくら使用しても家主が支払うシステムになっている。礼金、敷金のようなものは必要ないが、部屋の改装・修理代として、家賃

支出の概要（1972年４月～1973年９月）

生活費	月平均600ドル×17ヵ月　10,200ドル （食費，アパート代，電気ガス，電話通信費，ガソリン代，新聞雑誌，健康保険，その他）
研究費	2,000ドル （学会参加費，研修会参加費，研究所員費，書籍代など）
自動車購入費	900ドル
自動車保険及修理費	650ドル
渡航費	3,000ドル （東京↔サンディエゴ家族五人往復航空運賃）
	計　16,750ドル

（1972年出国当時１ドル＝305円，その後1973年２月頃から変動相場制になり１ドル＝250円が最低で平均270円台で送金を受けた。）

の三分の一程度の額を入居時に預ける。これは移転するときに返してくれることになっている。もっとも、私の場合、いまだに送ってこない。アパートは値段相応で便利なところにあったが、あまりきれいとはいえず、また快適ともいえなかった。結果からみて、安く借りることばかりが頭にあって、却って損をしたようにも思う。家具つきの方が便利だし、一年位の滞在ならば経済的でもある。

自動車のこと

カリフォルニアでは自動車は生活必需品である。鉄道はほとんど発達していないし、市バスも運転間隔が長く不便である。また食料品や日用品を安いスーパーマーケットで買うにしても、郵便局、銀行、研究所への往復、大学や地域の図書館の利用など、どうしても車がないと動きがとれない。車を入手する方法として、①新車を買う（故障が少ないし、帰国時に売却するにも有利）、②レンタカー（年ぎめだと借料も安くなる）、③中古車を安く買う、など考えられる。われわれは、新車は高価だし、結局、日本人の友人に世話してもらい、ノバシェビィⅡ一九六四年型を約九〇〇ドルで購入した。帰国する際友人に一五〇ドルで引き取ってもらった。この車は一年間はまったく故障がなくて快適だった。しかし、アメリカ生活に慣れて、休日に遠くへドライブするようにたってから急に故障が多くなった。修理費がとても高くつくし、それに、アメリカの友人から「修理屋は信用できないところがあるから店を充分選びなさい」といわれていた。結局、われわれは購入先のカーディーラーの修理工場でなおした。表示したように、保険も含めて、六五〇ドル費やした。日本では自動車をもっていなかったし、アメリカの生活の必要にせまられて免許をとったので、まさにインスタント・ドライバーそのもので車を動かし何とか運転するのが精一杯で修理までとても手がまわりかねた。車が故障する度に数人の日本人の友人からとてもお世話になって感謝している。

健康管理のこと

家族で渡航する場合、もっとも気がかりなのは、健康の維持と管理である。アメリカは医療費、歯科医費とも非常に高くつくのでいろいろ対策を考えた。渡航する前に健康状態をチェックし、悪いところは治療しておくのは当然のことだが、それでも現地で病気になることもありえる。われわれは、大病したときのことを考えて、月額四二・五ドルの健康保険（最高五万ドルまで支払を受ける）に入らねばならなかった。毎月四二・五ドルはわれわれにとって大金だったし、やめようと思ったことも何回かあった。しかし、ある知人の子どもが盲腸炎になって三日間入院し、およそ一、五〇〇ドル払ったと聞き、やはりかけ続けてしまった。とにかく家族のだれかが入院するようなことがあれば、経済的に破たんし、その時点ですぐ帰国しなければならなかったので、病気にはなれなかったというのが正直の気持ちである。幸い妻の健康管理がよかったのと、サンディエゴというアメリカでもっとも気候のよいところの一つに生活していたこともあり、家族一同、病気をしないで過ごすことができた。長男が歯科医に二回かかり、三二ドル支払ったのと、小学校やナースリースクールに入学するときの診断書、ならびに、かかりつけの家庭医をつくるため、三人の子どもの健康診断料三〇ドルを支払っただけですんだ。

役立った米語のチューター制度

カリフォルニア大サンディエゴ校（以下ＵＣＳＤと略する）には学生部の中にInternational Center があり、外国人留学生のために、ビザの相談、親睦会の開催、ニュースレターの発行など学習や生活上の問題の相談にのってくれていた。その建物の一隅にAmerican English in Action とよぶボランティアの組織があり、ＵＣＳＤ及び周辺の研究所に滞在している外国人研究者とその家族に米語を教えてくれていた。六〇名近くのボランティアが登録（メンバーは主婦が多かった）していた。当時のリーダーはマリオン・デクソンさんで、彼女は免疫学の世界的権威、フランク・デクソン博士の夫人だった。私はデクソン夫人から週一回、英会話とアメリカ事情を習ったし、私のアパートには、ポインツ夫妻が私と妻のために週一回訪問してくれ、帰国するまで約五〇回ほどレッスンを受けた。

もちろんすべて無料である。こちらが都合で休むとポインツ夫妻のご機嫌が悪いほど熱心に通ってきてくれた。

私たちは、この人たちから英語を習ったばかりではなく、アメリカ人の物の考え方、生活感覚を知ったし、言葉の学習を媒介としてお互がだんだんと親しくなってポインツ老夫妻（八〇歳と六八歳）とは親子のような気持ちになった。お互の誕生日にはアパートによばれて行ったり、よんだり、日本から私の知人が訪ねてくると、一緒に招待されたりしていた。帰国するときには、サンディエゴ空港まで送っていただいたが、本当に別れるのがつらい気持ちだった。外国人に援助するとはどんなことなのかを学んだような気がした。たとえば渡米当初、ある宗教の信者さんが私たちに近づいて親切にしてくれていたことがあった。しかし、私が教会へ行きたくない旨を話すと、急速にこの人はわれわれから遠のいて行った。こんな安っぽい援助とは性質がちがうことはいうまでもない。現在もポインツ夫妻、デクソン夫人とは手紙を交換しているし、この人たちはわれわれの滞米生活の中の重要な忘れ難い人々になっている。

充実していた図書館

サンディエゴ市には九州大学の中央図書館より大規模な市中央図書館も含めて二二ヵ所も図書館があった。私たちの住んでいたパシフィックビーチ地区にも支所があり、その近くのスーパーマーケットに買物にいくついでに家族ともども図書館に立寄って本を借りてくるのが楽しみの一つだった。一回に一人一〇冊まで、一ヵ月間無料で貸し出してくれていた。中央図書館では、レコード、カセット類も貸し出していた。一方、ＵＣＳＤの図書館も建物のユニークさと蔵書の量と質の豊富さでカリフォルニア大学の中でベスト三に数えられていた。

まず両者とも貸出し手続きがきわめて簡単だったのにびっくりした。私はＵＣＳＤにはまったく無関係な者だったが、私の身分と所属を話して、ビザをみせると、係員はすぐ一年間有効の特別貸出し証明書《コーテイシーカード》を交付してくれた。これは私のような研究者には、その大学に所属していなくても、与えられる特権のようだった。しかし、日本の国立大学で、こんなことが認められるだろうか。私は聞いたことはない。さらに開館時間が長いのも魅力だった。通常、朝九時から夜一〇時まで、日曜日も開館していた。したがって私が必要なときに必要な本や資料がいつでも入手できるという安心感があり、自分の手元に本をおいておく必要はなかった。日本の学者とくらべて、私の接したアメリカの学者たちは概して自宅の蔵書が少ないように見えた。これには書物に対する態度などいろいろ複雑な理由があると思われるが、図書館の充実と利用のし易さも一因と考えられる。

私はこれまでの経験から、図書館のイメージがかわってしまった。日本にいるとき、国立上野図書館、東京都の京橋図書館、京都大学中央図書館、京都府立図書館、九州大学教養部分館などを利用してきた。しかし、図書館とは、本を借りるところではなく収納しておくところ、場所を借りて自分の本をよむところ、自分の探している本がなかなか見つからないところという固定観念がしみついていた。しかしサンディエゴでの生活から、図書館が自分の生活の中で身近で、利用しがいのあるところに思えてきた。また司書《ライブラリアン》さんの社会的地位も日本よりずっと高く評価されているようだった。たとえば、サンディエゴの隣のチュラビスタ市で主任の司書を採用したときは、年俸、選考経過、略歴、その人への期待などが新聞記事に掲載されていたこともその一端を物語っていよう。情報化社会の中での図書館活動の重要性がますます高まる今日、日本の図書館もわれわれの生活にもっと身近に感じさせられるようにスタッフや活動を充実しなければなどと考えたりした。

また予算の削減でカリフォルニア大のリサーチ図書館は、バークレー校とロサンゼルス校にしぼるべきだという提案が出されたとき、サンディエゴ校の図書館はこの地域の重要なリサーチ図書館として、他大学や研究所に貸出しサービスをやっており、地域全体にとって不可欠な存在だと主張して予算を獲得したいきさつを新聞でよんだことがある。

このように、大学と地域との結びつきに大学の図書館が重要な役割を果たしていることも私の目には珍しいものに写った。

［初出］
村山正治（一九九三）「C・S・P滞在記」『エンカウンターグループとコミュニティ――パーソンセンタードアプローチの展開』ナカニシヤ出版、六七–七三頁。加筆修正のうえ収録。

第 6 章

村山正治、ジェンドリンを語る

【東亜大学での講演（2020年7月）】

桑野（浩）　今日は村山正治先生のお話を聞くということなんですけど、まずフォーカシング研究会を一カ月に一回やってまして、フォーカシングを試行錯誤しながらやっているんですが、そのなかでぜひ村山先生にお聞きしたいということになりました。村山先生はもうご存知と思いますが、日本で初めてフォーカシングを紹介された先生で日本のフォーカシング研究を歴史的に見ると九州大学の村山研究室から発展していったという経緯があります。そこで先生が近くにいらっしゃるということがあったので、ぜひお話をお聞きしたいということで、このような運びとなりました。今日は村山先生のご発案で、講演形式というよりもお茶などを飲みながらざっくばらんに、思いついたこととか疑問とか何でもいいので質問感想を含めて緩やかな形で進めていければと思っています。よろしくお願いします。

配布したフォーカシング資料

村山　ジェンドリンを語るという話になっていて、何を話していいかよくわからないところがあるんですが、ジェンドリンを日本に二回招待したということと、それからジェンドリンに、私はどんなところで影響受けていて、どんなこと考えたかみたいなことを、話していけたらなぁと思っています。

資料用意しておかないとお土産がないといけないということで、桑野夫妻を煩わせて資料を沢山作ってまいりました。一つは「フォーカシング」（『臨床心理学辞典』、四二一-四三頁）が出ました。それから後は、「ジェンドリン夫妻に感謝」というのがありますよね。これは去年の十月だったかな、ニューヨークでやっているトレーナー会議のとき、私たちみたいな博物館世代の人にフォーカシングのはじめた頃を、各国からメッセージを出させろということで、フォーカシング指向心理療法の日笠さんから、連絡があって「じゃ僕、英語書くの嫌だから、日本語で書くから日笠さん訳して」ということになり、日笠さんが英訳して、発表してくれた文章です。今日はまあ、これをネタに話をすることになるのかなぁ、と。それから裏ちょっと見ていただくと、「世界に先駆けたフォーカシング」というタイトル見て下さい。私が仲間と小学校でフォーカシングやったことがあるのです、これは今でも続いてますけど。これアメリカ人に受けまして。ビデオ送れとか言って、ジェンドリンに送ったことがありますけども、そんなことをちょっと私も威張っておかないと（笑）。それからその次が「東亜大学大学院村山研究室フオーカシング関連学位論文・投稿論文リスト」というのがあって、最近私はフォーカシングから離れているんですけど、九大時代と、東亜時代、九産時代にはみんな結構、論文書いているんですよね。桑野夫妻もそうですし、森川友子さんもそうですし、黒瀬まり子さん、上薗俊和さんとか、みんなフォーカシングで博士論文を書いた時代もあったんです。それから今日の英文論文「Short Summary and Some Long Predictions」。これがジェンドリンが私を引きつけた、とても私にとっては大事な論文です。私はこの論文に魅せられて、ぜひジェンドリンに会いたくなったというのもありますし（それだけじゃありませんけど）、今日はちょっとこの文献のさわりを中心に話をして、どんな刺激を受けたかを話そうかなぁと思っています。これは一九七〇年に出たＰＣＡの論文集なのね。そのときの最後の章にジェンドリンが要約とこれからの方向性を書いています。私は大体、「未来屋さん」なので、こういう展望論文が、好きなんです。展望論文を自分勝手に読んで、喜んで、その中で自分がやれそうなことをやるのが私の研究スタイルの一つなのです。それからあと資料、これは私たちがまとめた研究、だいたいフォーカシングで貢献した、というのはこれで終わりなんですけど、森川さんと福盛さんが中心でまとめた本です。これはねぇ、僕らが作った本の中では一番売れてます。漫画です（笑）。村山先生の翻訳を読むより、これの方がよっぽどわかると言われて（笑）、ショックなのか嬉しいのか、まあそんなことがあります。一応、資料の話をいたしました。

ジェンドリンとの出会いと影響

村山　ジェンドリンさんは一九二六年生まれで、ユダヤ系の人ですよね。マサリック*は、彼とはウィーンにあるフロイトの家の近くに住んでいて同級生だったと言ってます。ジェンドリンはアメリカに移ってきて、国籍を取るのに彼は海軍に志願してます。結構アメリカでは苦労してるのかなぁ。シカゴ大学の哲学出身で、現象学者ですね。日本では池見陽さんが、シカゴ大でジェンドリンの指導で修士学位を取り、明治大学の諸富さんがよく翻訳されています。私のアメリカでの師匠と言いますと、やっぱりロジャーズとジェンドリンなのね。で、ロジャーズから一番影響受けていますが、ジェンドリンからもかなり影響受けて、日本にも二回ほど招待しましたし、シカゴの家を訪ねて行ったりとか、来日時は私の家を訪ねてもらったりして、いろいろしゃべったりしたんです。私の信条の一つ「出会いは道を開く」です。私にとってはこういう人たちと出会って話をしたりインパクトを受けるというのは非常に大きなことなんですね。「いい情報は本ではなくて人から取れ」というのが一番大事です。本は十年、二十年、三十年昔のことを書いているというのが多いでしょ。だけどその人の話というのは本に書けない最先端の話が実は多いので、ロジャーズ派の方向を示す意味でジェンドリンさんは私にとって非常にインパクトを受けた人なんですね。だから今日はジェンドリンについて話すというのは、私にとっては非常にありがたいことなんです。

ロジャーズとジェンドリンの関係

村山　ロジャーズとジェンドリンの関係について、ちょっと話しますとね。ジェンドリンは一九五二年あたりからシカゴ大学で哲学、特に現象学の研究をしていました。それでロジャーズの授業に出始めたんだよね。で、ジェンドリンも書いてますが、もっと本格的に勉強したいんで、ロジャーズに

＊　フレッド・マサリック　ユダヤ系、UCLA教授。一九六二年来日。以後日本の産業界にST組織開発が広まった。

「私を研究生に入れてくれるか?」と頼みに行ったそうです。そしたらロジャーズは「君は哲学者だけれど理論だけでなく、人間に関心を持っているなら、まぁいいだろう。だけど君は実践とかじゃなくて理論なんだね」。（笑）。ジェンドリンは、「それは違う。私はカウンセリングを勉強したいんだ」と（笑）。ということを言って一年間ロジャーズの研究生になったの。これはねぇ、日本から見ると考えられないことですよね。心理学の臨床のコースにジェンドリンみたいな哲学者を入れてしまうということは、やっぱりロジャーズはすごい人だなぁって思う。彼を見て見込んだんだと思いますね。で、後で申し上げますが、ロジャーズたちが「ウィスコンシンプロジェクト」と言って、統合失調症の心理療法の世界的プロジェクトをやったときに、ジェンドリンがリーダーで研究と実践を任されています。ロジャーズよりも重要な役割を果たしている。それから、ジェンドリンも研究生になってから、スタッフ仲間たちの相互カウンセリングを受けてます。それからジェンドリンにカウンセリングを受けてる人がたくさん出てきます。ジェンドリンがそこでいろいろインパクトを受けるんですよね。つまり対等にやれるんだということとか、カウンセリング体験の大事さ、とかだんだん学んできてのめり込んじゃったんですね。それで結局ロジャーズの弟子になっちゃうのですね（笑）。それで世界的な共同プロジェクトのリーダーになってしまった。ジェンドリンはロジャーズの弟子のなかでは哲学的にも、理論家としても大変優れた人なのかなぁ、という風に思っています。そして結論から先に言ってしまいますと、ロジャーズが亡くなったときジェンドリンはロジャーズについての追悼文を書いていています。これは『アメリカン・サイコロジスト』誌（*American Psychologist*）という、アメリカの有名な心理学の雑誌にロジャーズのことをかなり丁寧に、それからどちらかというとジェンドリンの立場から、ロジャーズを述べているような書き方ですけども、書いているんです。これがロジャーズに会った最後だというときに、こんなことをロジャーズが言ったと書いています。ロジャーズは「私は来談者中心のありかたを見つけようと願ったのではない。私は人びとを援助する方法を見つけたかったのである」（『カール・ロジャーズ　静かなる革命』xii頁）と語ったとジェンドリンは書いています。つまりロジャーズはこのときは狭い意味のＰＣＡモデルにはこだわっていなかったんだと。つまりあらゆる状況に有効な心理療法というものをね、創り出していく方向を、認識を示していたんだろうなと思いますね。そういうことで、この二人の私にとっての大事な先生は、ロジャーズのほうはご存知のようにエンカウンターグループのほうに進んで、世界平和の問題に首を突っ込んでそれを死ぬまでやりました。それからジェンドリンは体験過程で勝負した。で、フォーカシングをはじめ体験過程志向療法とか、フォーカシング指向心理療法の流れを作って今日でも仲間達が活動しています。そういうところで二人は別れましたけれども、とても素晴らしい人なのです。それはロジャーズとジェンドリンの関係ですね。

ジェンドリンの日本への影響

村山　一九七八年に、九州大学で、日本心理学会がありました。そのときに私は、基調講演者にジェンドリンを招待したのです。世の中って面白いもので、私が推薦したジェンドリンは第二候補だったんです。で、成瀬先生が推薦したヒルガード（Hilgard）が第一候補だったんです。世の中って、なんでも出しておかないとダメですよ。第二候補でしたが、急な事情で、ヒルガード教授が来日しないことになって（笑）。それで私の出したジェンドリンが第一候補になって、招待できたのです。まぁ世の中って面白いもんですよ。実はそれでジェンドリン夫妻を招待したんです。日本全国でフォーカシングのワークショップをやりました。これがフォーカシングが日本の文化とか、専門家に根付いた最初なんですよね。こういう技法ものは、実際はまずやってみることが大事だ、文献よりもやってみることが大事だ。それまで村瀬孝雄さんの「体験過程と心理療法」という、これは翻訳としては非常に優れた翻訳です。でも、読んでもよくわからない。でも、フォーカシングを体験してからあれを読むとねわかります。そういうものなんですね。彼は福岡でもやったし、東京でも三回くらい、それから何年か後にも招待しましたけどね。日本でフォーカシングが盛んになったのはね、タイミングが良かったのですね。日本のClient Centered Therapy派の人たちが、いわば行き詰っていた。ロジャーズの考え方の表面的なリフレクションとか、伝え返しとかね、あれを非常に学びすぎて、面接が形式的機械的になりすぎてうまくいくはずないですよね。それでPCAの個人療法（CCTとよんでいます）でどのようにやったらいいか、行き詰まっていました。そこにジェンドリンをよんできたのです。インパクトは非常に大きかったですね。そういう流れがありまして、それでジェンドリンの「PCAのこれまでと今後の方向」（Short Summary and Some Long Predictions）これですね。ノーベル物理学賞の益川敏英教授は「文献で自分がむさぼるように、しゃぶりこむような文献を見つけないとダメだよ」という。自分が将来の研究をやっていくときに。そういう文献に出会うことが大事だということを書いています。私のそれにあたるのはなんだろうなぁと思うと、やっぱりロジャーズの文献のなかでは「私を語る」が大きいんですよね。ジェンドリンでいえばこれからご紹介する「ＰＣＡのこれまでと今後の方向」という、論文が私はえらく気に入ってしまったのです。なぜこれが気に入ったかっていうと、当時のＰＣＡの問題点をぴしゃっと書いてあって、それをどう克服するかということがちゃんと書いてあるんです。翻訳では『フォーカシング』の11章の「リスニングの手引き」に書いてあります。私の言葉にしてしまうと、今まで日本でやってきたＣＣＴは「don't ルール」ということでくれるとジェンドリンは書いています。つまり「何かしない」「言ってはいけない」「セラピストは言ってはいけない」「質問したらいけない」とかそれを「do ルール」に修正します。つまり一言で言ってしまうと、ジェンドリンは、体験過程を促進するということであれば、何をやってもいいんだという考え方で、ロジャーズの考えを書き換えるんです。これは非常に大きかったですね。それからもうひとつロジャーズとジェンドリンと違う事は、ジェンドリンはね、体験過程という線でぐっと押してくるんですけど、ロジャーズの3条件という話はひとつも出てこないのです。「一致」とか「共感」とか、そういう話は全然出てこないですね。だけど「リスニング」という形で、表現しています。ジェンドリンが Client Centered Therapy のいろいろな成功と失敗を検討した結果、当時カウンセリングがうまく成功したのは、クライエントがフェルトセンス、ある種のからだの感じに触れることができるクライエントが、それを言語化したら成功したんだと。あとは沢山しゃべってもそれはダメだと。という荒っぽい言い方ですけど。そういうことを彼は研究で見つけたんですね。特に統合失調症の研究をやって、それを見つけたというのは大きいようですね。だから、かなりマンガ的にいうと、私の所に学生が来て、「先生、恋愛結婚ですか見合い結婚ですか？」とたずねたとします。従来のCCTは「あなたは私の結婚問題に関心があるのね」と応答する。聞いてる方は「うるせー、この馬鹿野郎」と怒るでしょうね。「俺はちゃんと聞いてるのに、何でちゃんと答えないんだ」という反応起こしますよね。ジェンドリン流は「私は恋愛結婚だよ」、そう答えます。そこからが問題なんで、なぜ結婚に関心があるのと相手に返せと、そうすると実は「私、彼氏がいて、家から見合いしろとかどうとか言われて困っているんです」という話になってくるんだと。それを私に関心があるのとか、いわば機械を扱うような返事をすることで相手はそれ以上質問しなくなるんだと、というね。当時のカウンセリングでは機械的なやり方が流行り過ぎた。それはロジャーズ自身もCCTの表面的・機械的理解に非常に困っていましたね。自分のそういう技法が蔓延して、あるいはそれがクライエント中心療法だとなって流布していきました。ジェンドリンがカウンセリングの体験過程という新しいやり方、かなりセラピストの自己表現とかそれから、今みたいに相手の話を聞いてこちらに起こってきた気持ちを私はこんな気持ちを感じたんだとか、そういう事を伝えて大丈夫なんだ、というやり方をどんどん進めていった、ということで。CCTモデルの相手を大事にするという点では変わらないんですけれども、関わり方を変えたんですね。それが私には非常に新鮮でした。つまり、「don't ルール」から「do ルール」にした。従来のクライエント中心療法の、あのパッシブで機械的な応答を変えないとだめだ、と。これは統合失調症のクライエントとか子どものプレイセラピーを実践するとわかりますよ。さっきみたいなこと言ったらさ、「何だコノヤロー本当のこと言わねぇな」みたいなこと言われますよね。統合失調症クライエントさんも実はすごく敏感です。こちらが本当に関わってくれてるか。言葉だけでやってないかということね。ジェンドリンはウィスコンシンプロジェクトで統合失調症と格闘したんですよ。それがフォーカシングを作った元になったし、やり方を変えるという、体験の元になったのね。だから臨床というのはやっぱりね、実践。前田重治先生がよく「村山さん、臨床は七割は実践、三割は理論」と話してくれました。院生はどうしても頭でっかちになる。実践と訓練が少ないから仕方ないんだよね。心理療法の世界は、私自身の体験を積みあげるなかで経験則が生まれてきます。こうやったらいいんだなあ、こういうところがいいなあ。自分なりの直感と経験ができるのね。それを経験則とよんでおきました。その経験則を仮説にして、私だけの経験じゃなくて、他の人にこうやったらどうなんだというのが仮説です。それでその仮説を検証すると、そういう形で心理療法を科学の世界に持ち込んだのがロジャーズとジェンドリンです。

ジェンドリンの八つの予測とその影響

村山　ジェンドリンは、この論文で八つの予測をしています。八つの将来進む方向、これがね、私をいたく刺激しました。一九七〇年ですけども、今までやっぱり心理療法の世界はジェンドリンが七〇年に描いた方向性にまだ動いてますね、私の見方では。かなりあの時代に先を読めてた人、というか、そういう意味で尊敬してますけれども。第一はそういう風に体験過程を促進するためには、あらゆる技法を使おうよ、ということです。これは現在のたとえば、ノークロス達の最近の研究見ていてもね、流派別の差というのは有意差は出ていないですね。心理療法の効果というのは四つ出ているけれども、関係とあるスキルと期待効果、個人の力、その四つができているのね。そういう意味で、あまり流派にとらわれない時代がジェンドリンは予測していたけど、そういう時代が来ている。と言っても、ジェンドリン流には体験過程というわけで、それも流派と言えない事はないですけれども（笑）。ジェンドリンはすごく考えていたのね。心理療法で見つかったことをですね、もっと社会のプログラムに組み入れろ、という。心理療法とは病院だけでやっているわけじゃないぞと、もっと社会変革とか、今日では Self Support Group とか Self Help Group とかですね。学校とかいろいろなところでPCAグループとかもできていますよね。そういう心理療法の世界で発見された法則などを社会の環境の中に組み入れろ、ということを強調しています。ロジャーズが言っているんだけれども、行動科学は人間を機械としてみる。精神分析は人間は過去に支配されやすいとみる。PCAとかヒューマニスティックは可能性と現在を考える。PCAのいいことだけいうわけじゃないです（笑）。ロジャーズはその三つの次元は三つとも正しいんだと主張します。人間は過去に縛られてる次元もある。それから機械としてみるとそういう次元もある。自分で創造していく次元もある。次元がそれぞれ違うんで、三つともその次元では正しいんだ。ただ人間を見るときに、今、自分は機械として見て作業しているのか、過去に支配されている人間として見るのか、新しく自分を作っていくものとして人間を見ているのか、そこを混同するな、という風に主張してるんですね。ものすごく大事な視点ですね。ジェンドリンは、人間の相互作用が決定的に大事だ、その人が持ってる素質とか、そういうものよりもね。これからは人間の相互作用研究をやっていかないとダメであると主張します。最近人類学でも、そういうアイデアや学説が出てきていますよ。それからもう一つここから学んだ事は、「心理的な病気というのは、実は社会と文化の関数だよ」と述べている。この視点は私には新鮮でしたね。だって不登校、日本ではこんな問題になってるけどよその国では問題になっていない。うつ病、先進国では問題になってるけど他の国では問題になってない、とかね。そういう風に心理的な病気はつまり社会と文化の関数なんだ。その国の社会文化に影響されている。だからその国の社会文化を変えないとダメなんだ、という主張を私は初めて知りましたね。当時私は不登校の支援を一生懸命やってましたから(笑)。そういう視点をどこかに持っておくと、たとえばうつ病を考えるときでも、その人の人格特性だけが問題じゃない。誰でもなるよ、今の社会・文化システムで生きていれば。学校の先生にしたって今のあの状況の中で、うつにならないほうがおかしいかもしれないという風に考える必要もあるんじゃないか。一方でセラピストは必要ですよ。サポートが必要なんだけれどもその背景をもっと考える必要がある。三番目、ジェンドリンが病院で心理療法やったのね、統合失調症の。病院のシステムをもっと変えないとダメだ、と。看護師さんとお医者さんと患者さんは、ほとんどコンタクトとれてない。もっと病院の世界も改革が必要である、システムを変えないといけないなという提案をしています。ほとんど接触を持ててない。四番目は、学校でもっとフォーカシングやリスニングを教えろ。これは私たちもかなり実践しています。今もやってますけども。この頃でいうと心理教育という言葉で臨床はやってますけれども。もっと学校教育の中で、心理学もしくは心理療法で得た知識をもっと使えよ、ということが社会を変えていくのに使えるというのが四番目ですね。五番目は、新しい社会システムがどんどんできてきているんだ。これは具体的にはエンカウンターグループみたいなですね。グループをもっとやっていかないといけないんじゃないか。社会的な意味でね。私はアメリカに一九七二～一九七三年にいましたけれども、エンカウンターグループは日本ではセラピスト訓練みたいにとらえられていました。あれはアメリカの一般の市民の学習の場なんですね。だれでも参加するというのが向こうのエンカウンターグループでした。日本に帰ってくるとセラピスト訓練にわい小化する。文化によって変化する。そういうことがありましたけれども。その当時アメリカでは千万人の人が参加したということですから。つまり作ったというよりもアメリカの社会の中でそういうものが結果として要求されてきた。すごく文化がどんどん変わる変化が早い、男女共同参画の問題とか、今まで常識的に正しいとされてきたものがまずいんじゃないのということが沢山起こってきた。そういう価値観が大変動する中で、みんな右往左往する。それを解決したりサポートしたりするのは、やはりグループなんだという考え方です。私は一九七二年に行きましたけれども、大学紛争で私たちもいろんな体験をしましたけれども。福岡人間関係研究会（第4章参照）を創設しましたから。ジェンドリンたちは「チェンジズ」（Changes）という、一つの新しい社会臨床的な形態を作ったのね。これも私、実際に訪問し、参加してきました。そこで民家に泊めてもらったり、集会に出ましたけれども。新しいセルフヘルプグループとかそういう自分たちでやれるものをどんどん創っていくことで、世の中が変わると。これは当時のアメリカ人で何が一番大事かというと、みんな所属感がない。みんなバラバラでひとりぼっちである。特に当時は、ケネディ大統領が出てきていて、精神病院から病気の人をどんどん外に出せと。つまり社会の中で治療しないといけないという法律を作っていたときで。シカゴの「チェンジズ」なんかでもうろうろしている人とか沢山来ている。そこで居場所を見つけるみたいな、機能を果たしていました。人間の社会の中で居場所を作る事をもっと考えようということでしたね。七、八がちょっとアカデミックなことになりますが、これは彼が哲学者ですから、今までの心理学は結局、還元主義じゃないか、ある問題に一つの原因に還元してしまう。因果論にすごく支配されていないか。でもこれで何が生まれるんだろう、という考え方ですね。還元主義じゃない発想をすることで心理学はもっと豊かになるんじゃないか、という考え方。これは今日でいう「複雑系の考え方」に近いですね。因果論と違って複雑系の考え方というのは、この当時から強調してますよね。それからこれで終わりね。もう一つは、新しい人間の科学を作らないとダメであると。それはいろいろな考え方がありますけれども、どういうことかというとまず科学者自身も研究の中に含まれないといけない。別の言い方をすれば、研究者も含むという事は今日の言葉でいうと「当事者モデル」というのはそういう形で出てきていますね。それからもう一つは、私なんかがいう「リサーチパートナー」

という研究者だけが研究をやるというのではなくて、被験者じゃなくて、実際に共同してやっている人がみんな研究者なんだと。それで共同して作り上げているのが人間科学の研究のあり方なんだ、ということを言っている。今日では当事者モデルというのはその考えに近いし、それからリサーチパートナーというね、そういう風にうちの杉本君もやってますけれども、以前は被験者と言ってた人が共同研究者であるという発想があるとそこに新しいものが沢山出てくる。研究者の線でそれを固めてしまわない、という風なね。人間が持ってる可能性をもっと信じて従来の科学も大事なんだけれども、もっと人間っぽい研究を作ろうかなという、そういう事を大雑把に言いますと私が惹かれたことです。私たちも福岡人間関係研究会というのも作りましたし、それからフォーカシングセミナーを山口の湯田温泉で十年やりました。もちろんインパクトを受けましたけれども、当時私は一九七二年に大学紛争の後アメリカに行ったときに一番感じた事は『世界同時的にさまざまなことが起こっていて、みんな一斉に経過しているな』ということでした。言いたい事はアメリカは進んでいて、ということでなく、私たちの福人研はシカゴの「チェンジズ」と非常に似ていますけれども、それは「チェンジズ」を知って真似したわけではないということなんですよ。当時の大学紛争の中で作ってきた組織はやはり彼らもそういう時代でしたから形態は似るんですね。CSPのスタッフミーティングで福人研の話をしたとき、ロジャーズ達も真剣に聞いてくれました。話が僕の英語でもよく通じましたよ。フォーカシングでもそうなんですけれども人間が持っている内的なものに対する信頼、つまり池見陽さんも最近の本で書いていますけれども、解答はご本人の中にあると（笑）。広義的に言ってしまえば。そこからどう引き出すのかみたいなのが、ロジャーズが言っていたオーガニズミックセンシングと言っていますが、ジェンドリンはフェルトセンスという言葉を使って、もっと使いやすくしたり、その正体をはっきりさせるという研究を沢山しましたよね。その結果、フォーカシングができてきました。とりあえず、そういうところです。

フォーカシングの現在のシステムと今後の発展

桑野 それでは私のほうから、ジェンドリン先生に直接お会いしてると思うんですけれども、ジェンドリンが一九七〇年代に、この「Short Summary and Some Long Predictions」という論文を書かれて、一九八〇年にフォーカシングを作られて、一九九〇年にフォーカシング指向心理療法みたいな形になっていると思うんですけれども、今のフォーカシングの流れをジェンドリンはどのように考えているのか。村山先生の感想としていかがですか。

村山 それはジェンドリンではないからわからない（笑）。私が見ているのは、流れでいうとフォーカシングはフォーカシング研究所と言いますか、世界のフォーカシングネットワークを作って、トレーニングセンターみたいなことをやって、それで資格を与えました。僕も一応その資格はもらっていますけれども。これはロジャーズが絶対やらなかったことです。ジェンドリンとの大きな違いね。それで資格化をしたことがメリット・デメリット両方あるかなと思います。メリットはやはりフォーカシングをやるということが、その体験を深める可能性が高い一方で、デメリットとしては新しい考えが出なくなる可能性がある。そういう両方の感じを持っていますね。

ジェンドリンさんの茶目っ気

桑野　それとロジャーズ先生とジェンドリン先生なんですけれども、ジェンドリン先生というとフォーカシングとかでものすごく厳密な印象があるんですけど、村山先生のこの資料とかを見るとそんな厳密な印象じゃないという風にうかがえます。一方、ロジャーズさんのほうは、もっと自由な人なのかなぁという印象なんですけど、そのパーソナリティーとか性格の違いみたいなのは？

村山　(笑)ジェンドリンさんのこと、それを言われて思い出す事は、日本心理学会のときに講演したときに「SHOJI、講演のときに、ネクタイしていったほうがいいか？」「そうネクタイしてください」って(笑)、ネクタイ買ったりしていました(笑)。ロジャーズは絶対そんなこと言いませんね。そういう茶目っ気のある人です。ジェンドリンって、意外と。それから講演が終わったときに、九大講堂の片隅に祇園太鼓のやぐらがあったんですが、「それを叩く」って言って、太鼓の台に上ろうとして、ヘンドリックスさんがあわてて「やめてって」と叫んだ(笑)。特別講演者がそんなことやったり(笑)、あのねえ、ロジャーズさんとは違う親しさがですね。ロジャーズさんに「先生も一緒に飲むかとか、遊ぶかと誘ったりできません」とか、そういう気にはなれない(笑)。ジェンドリンさんにはそういう茶目っ気と、親しみがありますね。だけどそれが学問にどう結びついたのかわかりませんけどね。

現代におけるフォーカシングの重要性

村山　ただ少し先の話に戻しますけれども、僕は今、あまりフォーカシングを一生懸命やっているとは言えないのですが、実はＰＣＡＧＩＰを心理臨床学会の自主セミナーでやりました。そのときに日笠摩子さんと東京フォーカシング指向心理療法研究会の方々がメンバーで参加してくれたんですよね。ＰＣＡＧＩＰをやったらものすごく良かったんですよ。それで感想文を読ませていただいたんですけれども、フォーカシングって大事だなって（笑）。グループでも起こりますけれども情報とかじゃなくてですよ。フォーカシングやっている人は自分の感じに触れてその感じを言語化したり、感じ取れる能力が高い。だからＰＣＡＧＩＰをいろんなところでやりましたけれども深さが全然違うんですね。質問が深いから、その人の内面に触れる質問だから。出した人も情報じゃなくて、エンカウンターみたいな、エンカウンターの深い部分のエンカウンターになっていくんですね。「あれ、これフォーカシングは大事だねぇ」という風に改めて思いました。もう一つは、僕はなんでフォーカシングは大事だと思っているかというと、あらゆる心理療法の基礎だと思っているからです。〝素の自分というものに近づく一つのツールだと思うから〟。それはあらゆる心理療法の流派に関係ない、セラピストの自分自身というものに触れていくすごく有効な一つの方法だと思っているからなんですね。フォーカシングというとやはり流派の匂いがするので困るなあと思うんですけれども。どうもそうではない気がしたんですね、それで自分がやってきたことを考えてみますと、さっき言った資格を作って、フォーカシングをやっていくというのと、どちらかというと、そういうのを作らないという形でやっていくのとどっちが生産的なのかと、考えたときに、ちょっと私は結論を出せないのです。たとえば私らは十年、フォーカシングセミナーというのをやりましたよ。山口で。今そこのスタッフがほとんどフォーカシングの専門家になっていますよ。フォーカシングのね。日本をリードしている人たち、吉良安之さんもそうだし、池見陽さんもいたし、増井武士さんもそうだし。資格というものを作る、作らないに関わらず、フォーカシングはやっぱり合宿みたいなので自分を鍛える、あるいは自分の感覚を磨いていくというのはやる必要があるんじゃないのかなと思っています。だけど、それを制度化してやっていくというのには、私は疑問があるんだよね。それはどっちがいいか本当にわかりません。当時はそんなに教えるということを目指していなかったんです。たとえばね、池見陽さんの本にもありますけれども私たちのやったことの一つは「出店方式」ということをやったんです。つまり訓練モデルというのは私はあまり好きじゃない。フォーカシング初心者も沢山いたし、経験者も沢山いた。そういうときに、どちらにも行けるプログラムを作る方式です。私たちは出店方式というのはこういうときに、「私は今日はこれができる」、ファシリテーターの方が手をあげるね。そうして、参加者に選択させるんです。というのをやりました。そうすると面白いことが起こってきて分かったのは、最初私のところに来て、次は誰かのところに行く。毎回集まって出店を決めるんです。ずっと増井武士さんのところにいたのもオッケーですと。後で聞いてみるとですね、結局ね、自分の課題についてこの先生のところでどれくらい変わったとか、今度は他の先生の所に行ってこれだけ変わる、とか。その課題追求というのは本人の中では一貫してるんですね。私はロジャーズの影響をたっぷり受けちゃってるから、ロジャーズはラホイヤプログラムというのを組みましたけれども、私も参加しましたけれど、あそこに訓練という言葉は入れてないです。人間は訓練はできないよ、という考え方なんです。言いたかった事は、だから私は人を育てたという事は絶対言いません。そんなことないですから。一緒にやった人が育ったっていう境地です。みんなで作って、毎年やり方を変えたりだとか、そういうところでできていたんだと思いますね。だからフォーカシングを日本の中で大事なものを作っていくには、そういう場がいるのかなという気がします。

フォーカシングの小学校生徒への適用の研究

村山　フォーカシングで言えばですね。小学校でフォーカシングをやったんですよね。それには実は裏話があって、最初は先生方にやってもらおうと思ってやっていたんです。うまくいかないです（笑）。先生方は「ねばならない」というのが、物凄く強い人種ですよね。それじゃないと教師務まらない。だから自分の感じを掴むのが物凄く難しい。それでなかなかうまくいかないのね。ある先生が自分自身もうまくいかなかったのね。生徒にやってみたのマニュアルを使って（笑）。そしたら生徒はうまくいくんだね。それでこの研究は先生を相手にしてはだめだと（笑）。一つ分かったのは、気になっていることを一つ選べ、というときにね、生徒は具体的なことを選ぶんです。だからすぐ「からだの感じ」がくる。「今日友達とケンカした！　うーっ！」と。先生方は「自分のこと……って（笑）」抽象度の高いことが出てくるんだよね。それ自体にどれだけのものが、からだの感じが入っているかというと……なかなか出ない。今考えると、そういうのじゃなくて、もっと昨日の体験とかそういうのを考えてくださいっていうインストを入れるときっと良かったんでしょうね。だけど、研究としては、小学校の人たちに教わったからね。めちゃくちゃにうまくいった。

桑野（浩）　それでは今日は本当にすごく貴重な話を聞かせていただきまして、本当に村山先生、ありがとうございました。（会場、拍手）

［文献］

Gendlin, E. T. (1970). A short summary and some long predictions. In J. T. Hart & T. M. Tomlinson (Eds.). *New directions in client-centered therapy*. Boston: Houghton Mifflin, pp. 544-562

マサリック・フレッド（一九八六）「招待講演　21世紀のヒューマニスティック心理学——3つの勢力と2つの潮流」『人間性心理学研究』四号、一-七頁

Rogers, C. R. & Russell, D. (2002). Carl Rogers: *The quiet revolutionary*. Penmarin Books. 畠瀬直子（訳）（二〇〇六）

『カール・ロジャーズ　静かなる革命』誠信書房、xii頁
ユージーン・T・ジェンドリン（著）村山正治・都留春夫・村瀬孝雄（訳）（一九八二）『フォーカシング』福村出版

〔初出〕
村山正治・桑野浩明・桑野裕子（二〇一五）「村山正治、Gendlinを語る――Murayama Shoji Talk Session On Gendlin」『東亜大学大学院心理臨床研究』一四号、三-一八頁。加筆修正のうえ収録。

〔日本フォーカシング協会の設立と存在〕
村瀬孝雄・池見陽・村山正治らが中心になって、一九九七年に日本フォーカシング協会を設立した。初代会長は村瀬孝雄である。二〇二〇年は森川友子が会長を務めている。以後日本のフォーカシングトレーナー養成システムの創設と運営、米国のフォーカシング研究所との交流、年次大会の開催など、日本のフォーカシングの実践・研究の中心である。大沢美枝子の「日本のフォーカシング」は優れたガイドである（『フォーカシングニュースレター』二〇巻二号参照）。関心のある読者は日本フォーカシング協会ホームページを参照のこと（https://focusing.jp/）。

ジェンドリン夫妻の日本心理学会招待に関する物語

一九七八年第四二回日本心理学会大会は九州大学教育学部が主催校になりました。大会委員長は遠藤辰雄教授でした。

慣例では大会を主催する大学には、欧米の優れた学者を学会に招待する特権がありました。九大がこのとき招待を希望した研究者は、催眠研究で著名なヒルガード教授が希望順位第一位であり、次いでジェンドリン夫妻が第二位となっていました。ところが突然のことでしたが、ヒルガード教授から来日できないとの連絡が入り、ジェンドリン夫妻に招待の機会が回ってきたのです。

もちろん、ジェンドリン夫妻を提案していた私にはたいへん好都合なことに事態が展開したということです。世の中、うまくいかないかもしれないことでも、何でも提案しておくことの重要性を学んだのです。私はさっそくジェンドリン夫妻と交渉し、来日が実現しました。日本心理学会でたしか八十万円（招待費、交通費、滞在費込みで）準備されていたと記憶しています。こうして、日本にフォーカシングを導入するという、日本のカウンセリングの発展に大きなインパクトをもたらしているイベントが展開することになりました（第7章参照）。

［書き下ろし］

第 7 章

大学院教授時代

——私の教育論，自己実現モデルの提唱と展開

【九州大学，久留米大学，九州産業大学，東亜大学*（1974～現在）】
＊現職

私の教育論

はじめに

一九七四年から現在まで約五十年間にわたり、九州大学、久留米大学、東亜大学、九州産業大学と四つの臨床心理学大学院に在籍して、院生達と臨床心理士・実践家・研究者養成に努力してきた。修士課程二百名、博士課程五十名の院生達の心理臨床家・研究者の養成に携わってきている。その経験から「自己実現モデル」という養成のあり方が建設的であることを提唱するようになってきている。

臨床心理士養成のためのパラダイム

アメリカ心理学会が一九四九年のボルダー会議で決定し、現在も公認されている心理臨床家養成訓練の基本的枠組みは「科学者-実践家」モデルである。これには五つの特色がある①心理学の基礎知識の習得②専門知識を講義と実習で鍛える③科学的研究法とデータの評価法を必修科目にする④一年間の臨床インターン⑤実証研究に基く博士号提出を義務としている。日本の公認心理師・臨床心理士養成大学院もこのモデルに従い養成訓練を実施しているといってよいだろう。

私は日本心理臨床学会の初代カリキュラム委員長を勤めたから、そのとき「心理療法家養成の〝科学者‐実践家〟モデルをどう考えるか」（村山、一九九〇）で「日本心理臨床学会は事例研究を大切にする学会なので、実践家‐科学者モデルがよい」と提案している。しかし、この問題は複雑であり、どちらに効果があるかといった実証研究はない。概して言えば、「科学者‐実践家」モデルは研究法が重視され臨床経験が形骸化しやすい傾向がある。臨床訓練を重点的に考える精神分析学やユング心理学は大学院ではなく、アカデミズムから独立して独自の研究所を設立して、教育分析などを含む独自の養成訓練システムをつくっている。フロイトもユングもそうしてきている。独自のライセンス（資格）を出している。一方ロジャーズ学派では、ジェンドリンのフォーカシングは研究所をつくり、資格を与えている。ロジャーズ派は公的資格なしを通してきている。ライセンス（資格）で生きていく世界ではPCA参加者が少なくなってきている。私は第三の道を選択している。この問題は、「心理臨床やカウンセリングにおける専門性と人間性とは何か」「心理療法の効果とは何か」「新しい科学観の発展」などと絡み、結論は出しにくい複雑系の課題であるとみている。ニュートン‐デカルト科学論だけでなく文化人類学、動物行動学、生物学、考古学、ITなどさまざまな科学が発展することで見えてくることが異なるであろう。その出現を希望を持って待ちたい。

ロジャーズはセラピストの三条件は流派に関係なく、諸流派に共通の有効な治療効果要因の態度変数であると主張している。

［書き下ろし］

自己実現モデルの提唱

五十年にわたる院生養成から見ると、この「科学者–実践家」モデルは重要だが、私の体験では、院生本人の立場を当事者モデルと呼んでいいように、研究者・実践家自身の選択に任せることがよいと考えるようになっている。リサーチに強い人、実践に強い人、両方に強い人がいる。それぞれの持ち味を生かし、相互援助システムを活用して成果を上げてきている。

社会的に見ると、当事者ご自身が決めればよい。したがって、事例研究よし、リサーチよしでオリジナルなものであれば、方法にとらわれないでよいとして、博士学位も授与している。東亜大学では学会誌2本が条件である。

以下に私が大切にしてきた原則を述べておきたい。教員、院生諸君の参考になれば、幸いである。

自己実現モデルの原則

研究方法論より問題意識・興味・関心を重視する

私が若い頃、心理学になじめなかったのは、いつも方法論が先にありきで、「人間」がいないと感じられたからである。私の発想は、問題意識が先にありきである。つまり、学生本人が何を考え、何をやろうとするのかという問題意識を方法論より優先するということである。方法論が先にあると、例えば、「この問題は、質問紙法で取り組むには難しいから、別の問題にしなさい」といった指導になりかねない。これでは、心理学が取り扱う問題の範囲が狭まってしまい、人間にとって大事な問題を方法論のせいで先送りすることになってしまう。重要なのは、学生にとって「今、何が大事か」ということである。この点は、私がロジャーズから学んだことの一つでもある。当時、米国はベトナム戦争の最中にあり、米国の社会を変えなければならないというのが彼の問題意識の一つだった。たとえその解決方法がはっきりしていなくても、問題について考えていくことが大事なのである。そこから新しい方法ないし取り組むアプローチが生まれてくる。

私は、教員として、「その学生は何をやりたいのか」ということを一緒に考えていくことのほうが、方法論よりも優先されるべきだと思っている。私は学生の興味や関心を大事にする。この人がどのようなことに興味を持っているのか、どのようなことをやりたいと思っているのかを丁寧に聴く。これは、学生の自己実現にとって最も大事なことである。

研究者自身の鉱脈探し

自分にとって重要なこと、関心があることを研究できている限りはエネルギーが出てくる。借り物のテーマで研究していると、すぐにエネルギーが尽きてしまう。しかし、その人自身にとって本当にやりたいこと、「鉱脈」というのは、すぐに見つかるものではない。そこで、それを学生と一緒に探していくプロセスが、研究者の将来性を考えていくときに大事になる。

ひきこもりをテーマに、学部時代に統計的手法を用いて良い論文を書いた学生がいた。大学院で私の研究室に来たが、ＰＣＡとどう関わるか、臨床的にひきこもりをどう扱うかといったことが一年間くらい決まらなかった。私の仕事は、なかなか決まらないときに、学生の潜在的なニーズを感じながら付き合うことである。いろいろ聴いてみると、その学生はひきこもりの問題が彼自身の生きることの中心テーマになっているようである。その学生の「鉱脈」はひきこもりだとわかってきたので、あまり余計なことは言うまいと思っていた。そうすると、学生は自分でいろいろなところに出て行って探すようになり、探し始めるとたいていおもしろいことが見つかるものである。いくつか訪問しているうちに、その学生は、ひきこもりの施設を運営している人に出会った。そこで経験を積んでいくうちに、これは続けてやっていけそうだと思い、施設からもここで研究を続けてほしいと言われ、修士論文を書くことになった。十一月くらいだった。

私のゼミは、九大時代は「村山サーカス軍団」と言われていた。サーカスの綱渡りや空中ブランコのように、いつも落ちそうで、落ちない。ギリギリまで時間がかかるが、落第しない。うまくは書けないが、落第しない。私は常々、学生に対しては、「修士論文を書きなさい」ではなく、「自分の鉱脈を探しなさい」と勧めている。

臨床経験と研究を乖離させない

なかなか自分のやりたいことが見つからない学生には、かなり丁寧に付き合う。こちらからテーマを押し付けることは少ない。「修士論文はリサーチのみで、事例研究は認めない」などの制限もしない。理論研究、事例研究、質問紙研究、質的研究等々、方法は問わず、内容で勝負してもらうことにしている。

臨床心理学では、臨床経験が非常に大事である。臨床家は、臨床経験の中で自分と向き合うことで鍛えられるからである。本の世界だけでは、とてもではないが臨床のエッセンスはわからない。それだけ臨床経験の持つインパクトは大きいのである。中井久夫先生は「新しい治療法というのは、クライエントさんからの贈り物だ」という意味のことをおっしゃっている。これは非常にいい言葉で、私はなるべく臨床経験からヒントを得た自分の課題を持って事例研究に取り組むことにしている。したがって、修士課程のときにリサーチをやらなければいけないといったルールを私は作らない。新しいこと、創造性（creativity）、その人自身が心からおもしろいと思えること、これが大事だと信じている。

リソースネットワークを活用する

私は、個人スーパーヴィジョン（ＳＶ）をあまり実施できない臨床家である。ＰＣＡＧＩＰ（ピカジップ）やベーシック・グループというグループＳＶのようなことは行うが、個人ＳＶは別のセラピストにお願いする。その際に、九大時代のネットワークが役に立っている。スーパーヴァイザーは学生が自分で選んでもいいし、私が紹介してもいいが、学生にはどこに行っているのかは報告してもらっている。神田橋條治先生をはじめ、多くの先輩にお世話になり、大学院生を育てていただいている。

臨床経験から経験則を導き出す

臨床心理学では、臨床経験を積むと、成功していくプロセスのイメージが出来上がってくるものである。私の例を挙げておきたい。たとえば、エンカウンター・グループの臨床経験を数多く積むと、自分の中にプロセスのイメージができてくる。それをプロセス論として表現してみるという方法がある。これは、ファシリテーターにとっては地図になる。私は、臨床実践家の役割で大切なことは地図を提供することだと考えているが、これは必ずしもリサーチの中から出てくるわけではない。自分が取り組んでいる大切なこと、臨床経験を明確に仮説化することが重要なのである。この仮説を検証するためにリサーチをすればよいのであって、リサーチから出発する必要はない。また、研究は協同研究として分業すればいいので、一人がすべてをやる必要はない。私はあまりリサーチが得意ではないので、仲間と一緒にリサーチに取り組むことが多いが、その仮説の部分を臨床経験から提起するという役割を果たしてきたと思っている。

自己実現モデルのための研究環境の整備

ここでは、大学院生の自己実現のために私がしてきた研究環境のことを述べてみたい。

多様性を尊重する雰囲気・土壌・環境を作る

九州大学教育学部時代のことを思い出して考えてみる。精神分析の前田重治先生の助教授としてPCAの私が雇われた。そもそも、このようなことは当時の九大だからあり得たのである。当時の九大にはいろいろなオリエンテーションの人を集めたいという土壌があって、このような人事が行われたのである。前田先生は、私を自由に動けるように陰で支援していただいた大恩人である。私は「児童」の分野で雇われたのだが、エンカウンター・グループにばかり取り組んでいた。その分を、前田先生がカバーしてくれたのである。

私のところに来た学生が「行動療法を学びたいから山上敏子先生のところへ行かせてもらえない

か」と言ってきたときには、それが君のやりたいことなら、と送り出した。PCAと行動療法は理論的には対立していると思うが、当時はそういうことができたのである。山上先生は行動療法が専門だが、PCAで言うところの共感力の優れた人である。一方で、PCAを専門にする人が本当に共感ということを理解しているのかと思わざるを得ないこともある。あるシンポジウムで、山上先生に「先生の理論では共感ということをおっしゃらないのか」と尋ねると、先生は笑って、「村山さん、行動療法には関係論はないのです」と言われた。これはとても大事なことで、私は、理論というものは必ずしも現実を反映していないことを学んだ。

自由な議論の場を用意する

私は、「リサーチ研」と称して学生たちの研究発表の場を作ってきたが、学生たちから、それが後々とても役に立ったと聞いている。リサーチ研は、今取り組んでいるPCAGIPと近いのだが、話題提供した人を責めない、否定的なコメントをしない、話題提供した人をできるだけ理解しようという雰囲気を作る、といったルールで運営される。そうすると、どんどんアイディアが豊かになり、さらに展開がある。卒業生を見ていても、広い意味でのPCAであり、PCAを理解しながら認知行動療法や精神分析を取り入れていたりする。つまり、その人に合ったやり方なり理論を作っている。「いろいろなことがディスカッションできる場というのは、自分の持ち味を生かしたセラピストや研究者を生み出すのに役立つのではないか」と感じている。ゼミでもできるだけこのような形で運営することを念頭に置いている。

大学院生相互の交流を盛んにする

リサーチ研には、他の研究室の学生がたくさん来ていた。他の研究室との交流は、とても楽しい。理論やオリエンテーションを超えてディスカッションをすることが、日本の心理臨床を豊かにしたり、諸理論を統合するというようなことを考えたりするときに大事なことではないかと思う。いろいろなイデオロギーの違いがあっていい。しかし、臨床については、共通した何かが持てるような気がしている。

共創モデルを大切にする

私は学生と一緒に仕事をすることが好きである。自分にはできないことがたくさんあるということを知っているので、学生の力を借りたい。例を挙げよう。十年間ほど日本でフォーカシング・フォーラムということをやっていた。フォーカシングに取り組んでいる人、大学院生を集めて、何人かがトレーナーになってフォーカシングをする、そしてその後にフォーカシングについてディスカッションをするというワークショップである。私の研究室は、結果的に、エンカウンター・グループとフォーカシングの研究者が多い。要するに、個人で仕事をするというよりも、できるだけ仲間を集めて相互に刺激し合いながら進めていく、そういうやり方の結果であると思う。福岡人間関係研究会もそうである。仲間と一緒に仕事をするフィールドを創ること、これが教師としての私の役割の大きな部分ではなかったかと思う。私は、学生を教えるというよりは、学ぶ場を一生懸命創ってきたという気がしている。それを最近では、吉川麻衣子にならって「共創モデル」と呼んでいる（第3章参照）。

大学院生の成長への留意点

大学院生の自己実現を中心に据える自己実現モデルにとって、その人自身がどのような人であるのかを理解し、どのように接するのがその人の成長にとって一番良いのかを考えることは常に必要である。ここでは、大学院生の成長にとって留意すべき点をいくつか挙げる。

大学院生の特質を知る機会を作る

授業以外の旅行などの場面で、その人の良いところが見えてくるので、そういう機会を大事にしている。当然、研究発表はしっかり聴く。カンファレンスなどでも、その人の臨床家として得意なところを見ようとする。授業だけではなく、できるだけ他の社会的場面で学生と接触し、その人の特質を知ろうとするよう努力している。

迷うことを許す

今の日本社会では、できるだけ早く、能率よく解答を出すということに重きが置かれている。大学教育でもそういうところがあり、私は、これは創造性を失わせる傾向だと思っている。これでは、さまざまな問題に対して、いい知恵が出てこないのではないだろうか。ロジャーズの自伝を読むと、青年時代、ロジャーズは大いに迷っていた。人間は、迷う中で自分なりの何かを、自分が一生大事にしたい志を見つけていくものである。したがって、迷うことを許さないというのは、学生のオリジナリティを損なうことになるのではないだろうか。学生の迷う姿を見守らなければならないと思う。

成長には個人差が大きい

エンカウンター・グループに長年取り組んできた経験のなかで、数多くのリピーターに出会った。そういう人たちを長く見ていると、人間は確実に変化するということ、その変化の度合いは人によって違うこと、人間の成長は右肩上がりの直線的でなくループのように成長していくイメージをもっている。その学生がどのように伸びていくのか、その個人差を教員は考えておかなければならない。

成長を待つ

グループ体験で感じることだが、グループというのは、なかなかうまく展開しないことがよくある。ファシリテーターがそこであきらめると、グループが展開する芽をつんでしまうことになる。しかも、行き詰まれば行き詰まるほど、それがグループが展開していく芽となることが多い。あきらめずに見守っていると、その芽が展開していくことがある。成長を信じて待つという姿勢が大切であることを学んでいる。

一人ひとりを尊重する

このことの大切さは、これまでの話から理解してもらえると思う。

まとめ

大学院生を指導・養成・訓練するカリキュラムの原理として、科学者‐実践者モデルでもなく、実践者‐科学者モデルでもない、第三の道である自己実現モデルを私自身の体験から記述してきた。大学院生それぞれの志、夢、興味、関心を大切にし、専門性と人間性を統合した人間が育つことを目指す中で、私は、指導教員というよりも、ファシリテーターの役割を果たしてきたと感じている。大学院生一人ひとりが自らの長所を見つけ、理解し、磨いていける場を創ることにエネルギーを使い、工夫を凝らしてきたのである。

その結果として、狭い意味でのＰＣＡの研究者・実践家だけでなく、ＰＣＡを理解しながら認知行動療法や精神分析、フォーカシング、家族療法などさまざまな流派の考えを取り入れた人が育っている。特定のイデオロギーに引っ張られずに臨床実践を進めていくために、私は大事だと思う新しい視点をいろいろと取り入れてきた。私のゼミからは、そうして自分のやり方を創っていく人が出てきているように思う。

読者のみなさんも、自分の興味・関心を大切に育みながら、それぞれのやり方で、心理臨床の学びを深めていってほしい。

〔文献〕

ロジャーズ・C・R（著）村山正治（編訳）（一九六七）『人間論　ロージァズ全集12』岩崎学術出版社

村山正治（一九九〇）「心理療法家養成の"Scientist-Professional Model"をどう考えるか『心理臨床学研究』七巻三号、一-四頁

村山正治（一九九三）『エンカウンターグループとコミュニティ――パーソンセンタードアプローチの展開』ナカニシヤ出版

村山正治（編著）（二〇〇三）『コミュニティ・アプローチ特論』放送大学教育振興会

村山正治（二〇〇五）『ロジャースをめぐって――臨床を生きる発想と方法』金剛出版

〔初出〕

村山正治（二〇一五）「特別寄稿――大学院生の指導・養成・訓練のための自己実現モデルの展開」村山正治（監修）『心理臨床の学び方――鉱脈を探す、体験を深める』創元社、一九六-二〇三頁。加筆修正のうえ収録。

教養部時代に三人の優れた精神科医と知り合いになる

一九六八〜一九七〇年のあいだ、私は西園昌久教授主催の九大精神病院研究会で学んでいました。九州大学には、当時「学医」という制度があって、九州大学の学生を優先的に対応してくれる医師がおられました。私はその関連で、毎週木曜日の夕方、西園教室の精神科医達が集まって開かれていた研究会に参加を認められて、夕食付きでお邪魔していました。

プログラムがすごいのです。①最近読んだ文献紹介②学会発表の練習③西園先生の精神分析講義、という内容で、三本立ての映画を毎週観に行くような気分でした。

私にとって大きなことは、西園先生、神田橋先生、村田豊久先生など優れた精神科医の先生方と顔見知りになったことです。神田橋先生、村田先生とはそれ以降いまだにお世話になったり、対談したり、学会講演にご招待したりとご貢献いただき、こころから感謝しています。

［書き下ろし］

成瀬悟策先生からいただいた学恩に心から感謝

私は一九七四年四月九州大学教育学部カウンセリング講座助教授に就任し、一九九七年定年退官まで二十三年間九州大学教育学部教員として勤務しました。この間、成瀬先生から多大な学恩をいただきました。その一端を披露して私の感謝の気持ちとさせていただきます。

就任早々のころ、成瀬先生からお声がかかり、研究室に招いていただき、一時間ほど歓談したことを覚えています。お菓子とお茶をいただきました。「村山君。学部の教員は自分のお店を出すことなんだよ」といわれました。「前職の九大教養部と違うぞ」といわれた感じがしました。なんだか身が引き締まる感じを覚えています。私のイメージでは「お店を出すとは、デパートの専門店のようにそこでないと買えない商品を売る店」と理解しました。私は帰国したら、ＣＰＳのロジャース研究所で学んだエンカウンターグループ（ＥＧ）とフォーカシングを研究したいと決めていましたので、改めて「この二領域がこれから私が開拓する専門領域」と心に決めました。先生のことばが私の背中を押してくれました。

幸い以後、院生たちが全国から集まってきて、ＥＧの実践と研究を展開しはじめました。ある年の修論・博論の公聴会のときでした。院生・学部生の発表を聞いていた先生が「村山君。そろそろＥＧの理論をこさえたら」と助言されました。「こさえる」という先生独特のいい回しの言葉を今でも鮮明におぼえています。これまで多数の独創的な仕事をされてきた先生でないといえない言葉です。これを機に私は、野島一彦さん達とＥＧのプロセス理論・ファシリテイター論・事例をまとめる作業を展開しました。「独創」の味をチョッピリ楽しむことができました。ご示唆に心から感謝しています。「こさえる」というスピリットを忘れないようにしたいです。

これも初期のころと思います。成瀬先生が動作法の開発をされていたころです。ある教授の送別会でした。帰途、たまたま先生とタクシーで一緒になりました。先生はさりげない調子で「村山君。明日は整形外科医の大会で、動作法を説明し、整形外科医と対決することになっている」といわれました。そのときの先生のなんというか凛とした、落ち着いた語り口、落ち着いた強さが印象に残っています。

私は一九八六年文科省在外研究員でＵＣＬＡに滞在していました。あるとき先生から手紙が来て「エリクソン財団主催の二十一世紀の心理療法大会があるので参加しませんか」とのお誘いでした。アメリカにいながらこの大会はまったく知りませんでした。

このおかげで、ロジャースを含めた当時の二十七名の世界的に著名な心理療法家達に会うことができました。個人的にはロジャースの「生前最後」の大講演を聞く機会を得たことがたいへんありがたかったです。このように、先生は私を見守り、グッドタイミングで誘いをかけていただき、私に成長する機会を創っていただきました。

最後に、日本心理臨床学会の設立の時です。第一回大会が九大で開催されるまでいろいろなことがありました。リサーチ中心の日本心理学会に対して事例研究を中心とした本学会が成立した学問的背景には、実験心理と臨床事例の両者に理解を持つ成瀬先生と河合先生の深い相互理解があったことが大きいと私は信じています。

成瀬先生の生前の学恩にたいして心から感謝申し上げ、先生のご冥福を心からお祈りします。

［初出］

村山正治（二〇二〇）「成瀬悟策先生からいただいた学恩に心から感謝」『心理臨床の広場』一二巻二号、五九頁

日本人間性心理学会の創設への参加とこれからの発展

創設の経緯

日本人間性心理学会は一九九三年十二月八日に「人間性心理学研究」創刊号を発刊して実際の旗揚をしました。私は編集局長を勤めました。「人間性心理学刊行同人」が畠瀬稔ら先輩諸氏の努力で成立し、同人が拠金をして刊行した思い出深い創刊号なのである。本誌は一九八二年七月十一日に発会した「日本人間性心理学会」の機関誌になることになった（畠瀬稔一九八三年七月七日。創刊のことば）。

二〇二一年九月に四〇回記念大会が九州大学教育学部金子周平教授を大会委員長として開催される。学会員千名を越えるまでに成長発展してきたのは感慨深いものがあるし、私も同人の一人として、また名誉会員の一人として四〇周年記念大会が九州大学で開催されることにこころからお祝いを申し上げたい。一九七八年十月、遠藤辰雄九州大学教授を大会委員長とする日本心理学会第四二回大会でシンポジウム「我が国におけるヒューマニスチック心理学の現状と課題」（村山は大会事務局長、シンポジストを務めた）、翌年も同名のシンポが一九七九年九月二十四日に四谷主婦会館で開催された。水島恵一の基調講演、中西信男、山下栄一、村山正治が話題提供している。こうして一九八二年七月十一日に日本人間性心理学会が誕生したのである。

この学会の設立イデオロギーは何だったのか

アメリカに端を発して瞬く間に世界的潮流になる一九六〇年代のニューサイエンス運動の流れにのってアメリカのヒューマニスティックサイコロジー学会が一九六二年に産声を上げた。発起人はマズロー、ロジャーズ、ブーゲンタールなどが、精神分析、行動主義心理学に次ぐ第三勢力として旗揚げした。精神分析は人間は過去に規定される、行動主義心理学は人間を機械として捉える人間観に対して、ヒューマニスティックサイコロジーは人間を主体的存在であり、人間を過去や機械に還元せず、全人として人間の主体性を強調している。

日本の心理学会も二十年おくれて、ニューサイエンス時代に入る。水島恵一、畠瀬稔、など現象学、人間学、哲学、社会学、仏教や東洋思想などに関心のある、それまでのニュートン・デカルトパラダイムだけの自然科学的心理学に「人間不在」を感じた多様な領域の学者達が集まって形成したものである。私自身の本学会創設に参加した動機は「人間不在」の心理学への不満だけでなく、人間理解のための幅広い学際的学会のイメージを持っていた。京都大学人文科学研究所の人類学者藤岡喜愛、東京工業大学社会学の上田紀行などの参加と貢献を特筆したい。

これからの発展に期待

私や仲間たちはこれまで、エンカウンターグループ、ＰＣＡグループ、フォーカシングの発展で本学会を十分に活用してきた。また本学会を支える中核となって活躍している人が多数いる。これらを基盤にこの人類の大転換期に人間性心理学は何を提供できるのだろうか。

最近の院生たちと接触すると、ニューサイエンス運動のことはあまりご存知ない。ニュートン・デカルトパラダイムが唯一の科学論であり、方法論重視の傾向が強い。認知行動の科学が主流になっている。また一九六〇年代にはまだ発展していなかったＩＣや人工頭脳の発展にどう対応していくのだろうか？

もう一度日本人間性心理学会創設の原点に戻って、この学会の創設のときのイデオロギー、存在意義を改めて議論していく必要性を感じている。私自身の進む方向はすでに提案している（村山、二〇二一）。

また新しいパラダイムを求めて、最近、「人間性心理学研究」の創設号を改めて読む機会があった。驚いたことに、水島恵一の「人間学」の迫力に圧倒されるような気力を感じた。水島の一九八三年の提案はとても新鮮である。「人間学も人間性心理学も安易に方法論を定めるべきものでなく、あくまで眼前の個々の人間を見据え、あるいは交わりとしての実践に取り組む中で熟してくるものである」という提言は人間性心理学を志すものにとって核心を突く指摘であると感じた。水島恵一の論文「人間性心理学の方法と展望」をお勧めしたい。

〔文献〕

村山正治（二〇二一）『パーソンセンタードアプローチとオープンダイアローグの出会いから生まれてくるもの――21世紀の新しい心理臨床のパラダイムを求めて』遠見書房、三二-五六頁

水島恵一（一九八三）「人間性心理学の方法と展望」『人間性心理学研究』一号、八-一〇頁

〔初出〕

村山正治（二〇二二）「日本人間性心理学会創設に参加とこれからの発展――人間理解のための幅広い学際的学会のイメージ」『東亜臨床心理学研究』二一巻、四七-四八頁

学校臨床心理士ワーキンググループ（WG）代表の体験

代表就任の経緯

平成七年度から公立中学校に国費で臨床心理士のスクールカウンセラーを導入することが文科省の事業で始まりました。日本の公教育の中に臨床心理の専門家を投入する初めての歴史的事業でした。当事業を成功させるため、日本臨床心理士会、日本心理臨床学会、日本臨床心理士資格認定協会から成る「三団体合同専門委員会」が発足しました。私にその代表のお鉢がまわってきてしまいました。当時、臨床心理士会事務局長の小川捷之さんと村山正治が候補に上がりました。いろいろな経緯がありましたが、河合隼雄先生、村瀬孝雄先生の話し合いで私に決まりました。小川さんは事務局長という多忙・かつ重責な任務にあること、村山にはキャンパスカウンセラーの体験があるので学校コミュニティの視点があることなどが考慮されたと推測しています。詳細は分かりません。

私は、ちょうど九大教育学部長を一期終了したところでした。若い教授陣から「もう一期は？」との打診もありましたが、私は学部長職には向かない人間であることが充分体験してきているので、WG代表を選択しました。結果として二十年間にわたるたいへん学びの多い役職経験になりました。

私と仲間が成し遂げた大仕事――絶対に失敗できない事業

WGの設置目的

臨床心理士というまだニューフェイスの専門職が初めて向き合う歴史的大事業なのでこの事業が失敗すると、以後、臨床心理士という専門職が社会的活躍の場を失うことになるので、「絶対に失敗できない」という使命感と緊張感が三団体の幹部達にみなぎっていました。私もその内の一人でした。また当時の臨床心理士有資格者も同じ意気込みでした。日本心理臨床学会が設立され、事例検討中心の研鑽を積んできた臨床心理にとっては、その専門性の有効性が発揮され、かつ教育現場から試される絶好の機会でもありました。

そこでわれわれWGの役目は学校に派遣されたスクールカウンセラー（学校臨床心理士と命名しました）が現場で実力を発揮できる新しい組織や研修組織を創設することでした。

臨床心理士資格認定協会大塚専務理事の肝いりで、WGの事務局を認定協会内に置くことを決定しました。以後文科省との連絡はじめ、WGの開催はじめ事務一切を取り仕切っていただいてきています。日本臨床心理士資格認定協会事務局の木村・向後の両氏が中心でした。

あたらしく創設した組織

（1）ガイドラインの作成（学校臨床心理士の活動の目安）

（2）バックアップシステムの構築（鵜養美昭・啓子夫妻の提案）

（3）各都道府県にWGとフラクタル構造を持つ都道府県の学校臨床心理士事業担当の理事・コーディネーターの設置（危機介入・研修・教育委員会との接触など、非常に重要な役割を果たしている）

（4）WG主催の全国学校臨床心理士研修会の開催（毎年実施。文科省講演、シンポジウム、テーマ別小グループ研修会などで学校臨床心理士の実力レベルアップ）

（5）毎年の日本心理臨床学会大会に文科省を招待したシンポジウムを開催。

（6）学校臨床心理士担当理事・コーディネーター会議（年二回実施・都道府県間の情報交換）

そこで私たちと仲間達のやった仕事は、事業が成功するために、学校現場に派遣された学校臨床心理士を支援し、専門性を発揮しやすい組織、仕組みを創ることでした。次々に出てくるさまざまな課題に対応しているうちに二十年が過ぎてしまいました。幸いにも派遣した学校臨床心理士の実力が教育現場から高く評価されたこと、さまざまな条件が相乗的に作用して、学校臨床心理士の社会的認知が高まりました。教育現場、保護者、文科省、教育委員会などからも高い評価を受けました。当時の高校生、中学生から「将来スクールカウンセラーになりたい」という希望が続出する時代を生み出しました（村山、二〇二一）。

現在は多職種の専門家が学校で活躍する「チーム学校」時代になっています。福田憲明代表を中心にこれまでの実績を土台にさらに新しい活動が展開されています。

エピソード

文科省の至急報の依頼に対応したこと

ある年の予算編成期のことでした。文科省の係官から、財務省とSC予算のことで折衝するので、その基礎資料の一つに、SCの効果を示す事例資料がほしい、明日ほしい、との連絡が来ました。文科省との接触では、ときどき〝至急〟の連絡があるのです。WGのメンバーに連絡し、水道橋　ホテル「エドモンド」に一泊して徹夜の作業でした。成功事例、数名の事例報告を作成し、文科省に翌朝、メールしたことを記憶しています。

［文献］
村山正治（二〇二一）『スクールカウンセラーの新しいパラダイム』遠見書房

［書き下ろし］

環境整備が整い博士号取得者が五名誕生
――九州産業大学木村国際文化学部長の貢献

私は九州産業大学大学院に教授・臨床心理相談センター長として五年間勤務しました。実に充実した教師生活を送ることができました。その要因を書いておきたいと思います。

まず、木村学部長の太っ腹と才覚でした。先生は新しい臨床心理学コースの設立にあたって、人事、カリキュラム編成、臨床心理センター創設を信頼して私に任せられたのです。

そのおかげで、スタッフは学問的スタンスがPCAに必ずしも賛同していない方も含めて、優れた業績、見識のある方を公募でなく、一本釣りで私はご招待いたしました。すべて職場まで出向いて、お願いしました。幸運なことに、峰松先生、窪田先生、ミネソタに留学中だった村山ゼミ出身の平井先生、九大研究生だった森川先生、伊藤先生に着任いただくことができました。私は、大学院の研究整備で、第一優先事項は教員人事と考えています。しかも公募はしませんでした。その理由は、公募につきまとう形式主義（学位の有無、学閥優先、業績の量など）と、短時間の面接で人物を評価する難しさなどを避けるためです。

九州産業大学時代、毎年修士論文、博士論文の公聴会は緊張の連続でした。ある年のこと、公聴会のあと、ある先生が私の教官室を訪ねてこられました。何事かと思い、ちょっと不安になっていました。先生は「村山先生は関心が広いですね。あれだけ多様なテーマを研究している院生たちをどう育てておられるんですか?」と話されました。私が即座に「実は院生たちが各自、自分で選んだテーマで研究しているだけです」とお返事したら、ちょっと不思議そうなお顔をしておられました。「信じられない」といった感じでした。

このことは九大教授時代の公聴会でも、「このテーマはどの先生が指導教官ですか?」とよく尋ねられたことを思い出しました。私はどうやら一貫してこの方針で院生指導を行ってきているように思います。今日現在でも同じです。

九産大大学院を創設の義務である五年間の勤務を終えて退職しました。この五年間に五人が博士論文を提出してしまいました。学会誌一本の条件をクリアしてしまったのです。私も驚きました。しかし正確に表現すると、院生たちは私以外に他の先生方のサポートを多くいただけていたことが重要な要因なのです。院生が最も関心のあるテーマを選ぶとき、院生たちは、私の指導できない部分については、他の教員、他の大学の先生も含めて、指導を受けていたのです。これは良くも悪くも私の自己実現モデルの現実です。

[書き下ろし]

欧米学会で英語力抜群の若手研究者の支援を受ける――神様、仏様、平井様の話

私が九州産業大学に在籍していた二〇〇三～二〇〇八年までは、新しい臨床心理学養成コースを設立して、研究・臨床実践において院生の教育に専念していた時代です。院生たちに海外の学会で発表させ、国際交流と文化交流を深める機会と考えていました。国際ＰＣＡＥＸＰ学会では平井達也さん（ＡＰＵ教授）や中田行重さん（関西大学大学院教授）の英語力に支援されて、毎回発表していました。私は若手院生たちが海外の文化に触れ、見識を深めるには国際学会に発表出席することが最適の機会と考えていました。九産大時代にそう思い始めて、院生たちに海外旅行をかねた学会発表を働きかけると、希望者が多く、村山ゼミだけでなく、窪田ゼミも含めて二十名近い参加希望者が集まりました。日本の学会を含めて学会発表が初めてという院生がほとんどでした。発表当日は、必ず神様、仏様、平井様の異名で尊敬されている守護神、英語力抜群の平井さんが守ってくれるので安心でした。私の英語力では学生はついてこなかったでしょう。またその上に、年長のリーダー格の緒方さん（九州産業大学教授）が院生を守ってくれたのでした。日本の学会と異なり、国際学会のコメンターや参

加者からは共感的なコメントが多く、院生たちには大変好評でした。イギリス、ドイツ、ベルギー、アルゼンチンなどで発表旅行を楽しみました。

今では、若手の巣立ちどころは毎回参加するたびに英語力が向上するので驚きます。昨年は新型コロナウイルスの影響で中止になりましたが、これからは院生中心で発表することでしょう。私自身はもう高齢なので欠席とさせていただくつもりです。

［書き下ろし］

二千人を集めて大成功した第三四回日本心理臨床学会春季大会の物語
——東亜大学の挑戦と工夫

はじめに

私の所属している東亜大学大学院臨床心理学専攻は下関市にあるいわゆる新幹線大学である。二〇二一年で創立四十七年だが、臨床心理学専攻は二十年前、上里一郎・馬場禮子・村山正治・金田鈴江の四人を中心にした臨床心理士資格認定協会の支援でできた博士前期課程入学定員八名、博士後期課程三名の学部なしの独立専攻大学院である。

山口県唯一の五年一貫性の修士・博士課程を持つ大学院で、二〇二一年現在ですでに百人以上の臨床心理士、二十名の学術・臨床心理学博士が育っている。

この小さな独立専攻大学院が日本最大の日本心理臨床学会春季大会開催に挑戦し、桑野浩明事務局長を始めとする専攻教員、院生・OB・OGの協力でさまざまな難しい課題を乗り切り成功を収めた記録を持っている（桑野、二〇一六b）。仲間とともに、私の東亜大学在任中に成し遂げた大きなイベントの一つとして書いておきたい。

大成功の実績

東亜大学の臨床心理学専攻が担当校になり、二〇一五年五月三〇日・三一日の両日、海峡メッセ下関を会場として、二千人以上の参加者が集まった。それも会場の安全性を考えて参加者を抽選で二千人に絞ったうえでのことである。春季大会初めての画期的な大会になってしまったのである。春季大会の歴史上初めてのことであり、かつ小さな東亜大学が学会の発展に貢献できたことも大変うれしいことであった。東亜大学在職中の画期的なエピソードとして、そのプロセスを記述してみたい。

発端——鶴光代先生（当時日本心理臨床学会理事長）からの開催依頼から

二〇一二年四月の学会理事会のときだったと記憶している。鶴理事長と雑談をする機会があり、一〇分くらいコーヒーショップで話したことを覚えている。大会について鶴理事長として心配になっていることを話された。それは毎年開催されてきた春季全国大会の参加者が千人程度であり、運営上開催を断念しなければならないということだった。鶴理事長としては、名古屋大学で開催される予定のあとに、是非東亜大学で開催してほしい。研究発表中心の秋季大会は東京で、研修会中心の大会は地方で開催という慣例になっている。そこで「是非東亜大学で開催をお願いしたい」とのご依頼だった。

正式に開催を受託するには、東亜大学臨床心理学専攻の会議で決定する必要があった。私としては①研修学会の危機状況がよく理解できたこと、②日本心理臨床学会の発展に貢献できる機会になること、③東亜大学臨床心理専攻が学会の発展に貢献できる唯一の機会になること。④東京一極集中という日本文化の困った動向に対して、山口県下関市にある小さな地方大学でも立派な大会をやれることを例証する歴史的な機会であることといった考えが浮かんできた。⑤スタッフも少ない小さな大学院臨床心理学専攻だが、精鋭がそろっているのでこの際挑戦してみる価値がある事業だと考え始めていた。

成功要因の分析

鶴理事長の決断

今、まとめの作業をしながら考えてみると、鶴理事長から大会開催申し入れの初期に「講師、会場、日程など大会の重要事項をすべて大会実行委員長の村山正治に一任」されたことが極めて大きいことが分かった。しかも鶴理事長を通じて学会の春季大会実行委員長、研修担当委員長も事務局長もこの点を十分理解していただいていたので大会開催にあたってわれわれが学会の幹部の方々の意向を気にすることなく、安心して従来にない型破りのアイデアをどんどん出して実行に移せたことが大会を成功に導いた要因の一つと信じている。

桑野浩明准教授を事務局長とする実行委員会を組織

桑野事務局長、藪下副事務局長、桑野裕子委員、上薗委員、田村委員、村山実行委員長が決定した。最高の決定機関であり、大会に関する重要事項はここで決定するとにした（桑野事務局長の活躍は桑野、二〇一六参照）。

大会の目玉に精神科医として超有名な神田橋條治氏の登壇の承諾を得たこと

これには実行委員会で村山正治と対談を組むプログラムが決定した。神田橋氏には日本心理臨床学会九州大学大会でも基調講演をお願いした経験もあり、参加者を増やす大目玉の一つであった。春期研修学会では、基調講演を置かないのが恒例であるし、非学会員でもある神田橋氏を招待することも異例なことである。これを承認いただいた学会当局の寛容に感謝したい。

参加者目線からの講師選定

参加者集めには、魅力ある講師陣の選択が重要である。そこで、実行委員会では、参加者の好み・ニーズを知ることが大切と思った。しかしアンケート調査をするお金も時間もないのでまず東亜大学の実行委員会メンバー（教員）院生、ＯＢ・ＯＧ達にアンケートを実施した。また村山正治の人脈をフルに活用するなどを申し合わせた。実行委員会の村山・桑野・藪下の三人が緊密に相談しながら二十七名の講師がクローズアップしてきた。

学会員にワークショップの開催を二回徹底周知させたこと

慣例では、大会通知にはワークショップ名だけが告知されてきた。そこで村山・桑野・藪下の三人が「案内文にはワークショップの講師名記載、ＷＳの仮タイトル、百字の自己紹介プロフィールを追加資料にする」ことを主張した。これは学会事務局に多大な負担をかけることになった。しかし、我々主催校側も、桑野夫妻、藪下、村山が休日に出校する「怒涛の作業を行って」実現したものである。

二月に学会事務局から発行する機関誌に再度Ｂ５一枚の案内ビラを二回目の通知として同封していただいた。このチラシビラ効果が抜群で、みるみる申し込みが増え、二千名を超える申し込みが殺到した。近年にない多数の申し込みに学会事務局も驚いてしまう程であった。

大会を一日だけでなく、二日間開催に、かつ二つのワークショップを選択可能に変更

下関市という地方都市が開催地なので、参加者は宿泊経費が必要であった。地方在住者にはその費用もばかにならない。そこで院生たちと検討の結果、従来の一日だけ開催をやめて、二日間に変更し

た。その代わり、二種目のワークショップを選択できることにした。これも成功要因の一つとみてよいだろう。

岩田学会事務局長との信頼関係

ここまでに挙げた要因を通じて、大会成功のためお互いが無理を承知で予期しなかった相互負担を次々担いで、協力していく体制を創ることができた。岩田局長はじめ事務局の献身的な協力のおかげである。

大学院生・OB・OGの教育効果

ワークショップの講師は全国レベルで優れた心理臨床家である。大会準備、当日の会場整備など雑用を任されてきた院生・OB・OGには講師たちとの接触は、またとない大きなメリットである。そこで、原則2人ペアで希望する講師の教室に配置し、当日の講師の指示に従い雑用をこなしていただくことにした。この設定は講師、院生たちの双方に大変好評だった。

双方からたくさんお礼の言葉をいただいた。先輩とのつながりができた例も多数聞いた。日頃の私の授業より、面白いらしく、学会準備になってから、生き生きと登校してくる院生がいたりで、思わぬ教育効果を上げた。

〔文献〕
桑野浩明（二〇一六）「日本心理臨床学会第34回春季大会を振り返って――事務局長として」『東亜大学臨床心理学研究』一五号、一二五－一二九頁
村山正治（二〇一六）「講師と参加者の皆さんに心から感謝！　２０００名を超える参加者の34回春季大会」『東亜大学臨床心理学研究』一五号、一三〇－一三一頁

〔書き下ろし〕

ＰＣＡＧＩＰ（ピカジップ）法について

ＰＣＡＧＩＰ法とは村山正治が開発した新しい事例検討法です。通称「ピカジップ」とよばれて親しまれています。

定義

事例提供者が簡単な事例資料を提供し、ファシリテイターと参加者が安全な雰囲気の中で、相互作用を通じて参加者の力を最大限に引き出し、参加者の知恵と経験から事例提供者に役立つ新しい取り組みの方向や具体策のヒントを見つけていくプロセスを共有するグループ体験です。

基本のコンセプト

従来のカンファランス事例検討と異なる視点を挙げてみます。

(1) 事例が主役でなく事例提供者が主役である。
(2) 解決中心でなく、理解が中心である。
(3) 場をコミュニテイとみなす。
(4) 参加者はオブザーバーでなく、リサーチパートナーである。
(5) 心理的に安全な場の醸成。
(6) 多様な視点の創出。
(7) 発言の板書による情報の可視化・共有化。
(8) 事例提供者、事例をめぐる援助ネットワークが見える。
(9) 結論よりヒント。
(10) グループ体験。

構造

話題提供者・ファシリテイター（一名）・記録者（一名）金魚グループ・金魚鉢グループ八名程度で構成します。

グループルール

グループを運営するうえで重要なルールを記します。

(1) 話題提供者を批判しない。
(2) セッション中はメモを取らない。
(3) 順番に発言する。
(4) 資料①四〇〇字程度の事例に関する資料②困っていること③どうなったらいいか
(5) プロセス　一ラウンド〜四ラウンド　整理
(6) クロージング①セッションの感想②記録者の感想③ファシの感想④話題提供者の感想

最近の発展と展開の状況

大学院研究室

関西大学大学院中田研究室、山口大学大学院押江研究室、九州産業大学大学院森川研究室で研究が継続中です。

展開領域

大学院院生の養成訓練・養護教諭の養成訓練・看護職の師長・看護師の現場訓練・スクールカウンセラーによる教育現場に展開・自治体管理職の部下対応訓練・ターミナルケアのスタッフ訓練・産業界の組織変革事業など幅広く展開されている現状に嬉しい驚きを感じています。

組織変革に対応できそうな方向が見えてきています。

PCAGIPネットワークについて

これらの広がりに対して、学会、協会、NPOなどの組織の立ち上げの要望もお聞きしています。

現在の段階ではネットワーク型の普及形態が適切と判断しています。

日本人間性心理学会年次大会時に自主シンポジウムを開催して、全国のネットワーカーたちの情報交換、科学的エビデンスの蓄積を図っています（コロナ禍で三年、休止中です。二〇二三年度には再開します）。

関心をお持ちの方は、入門書（村山・中田、二〇一二）をお読みいただくと理解しやすいです。また、「ＰＣＡＧＩＰネットワークについてのお問合せ」をご覧ください。最新の状況がわかります。

〔文献〕

村山正治（二〇一九）「ＰＣＡＧＩＰネットワーク設立会」『東亜臨床心理学研究』一八巻、四五－五四頁

村山正治・中田行重（編）（二〇一二）『新しい事例検討法　ＰＣＡＧＩＰ入門――パーソン・センタード・アプローチの視点から』創元社

中山幸輝・古谷浩・原口敏子・中山美枝子・重松初代香・北田朋子・村山正治（二〇二二）「「ＰＣＡグループ」及び「ＰＣＡＧＩＰ法」に関する文献リスト（２０２１）」『東亜臨床心理学研究』二一巻、五一－六一頁

〔ＰＣＡＧＩＰネットワークについてのお問合せ〕

事務局　連絡先　〒七五一－八五〇三　山口県下関市一宮学園町二－一　東亜大学大学院総合学術研究科臨床心理学専攻

村山正治

Email:nakayamak@toua-u.ac.jp　中山幸輝

〔書き下ろし〕

エピソード4

畑中論文が示す村山像*

畑中美穂

村山先生とのエピソードからみる教育の形

"The encounter group"の"Mr.Facilitator"

私は海の近い先生の山荘に二回、ゼミ生と連れ立って遊びに行ったことがあるが、それは特に何をするという目的もスケジュールもない〝旅〟であった。先生も含め現地には三々五々に集合し、

＊　私（村山）はこうした哲学を持ちながら、大学院村山ゼミの運営を行っている。当ゼミから自己実現の方向で生きているさまざまな院生が育ち活躍していることは、私の教師としてのささやかな誇りである。

本論文は東亜大学大学院に五年在籍し、臨床心理学博士号を取得した畑中美穂が、このような私のつくり出した心理的環境で研究活動、ゼミ活動を通じて、私の自己実現モデルの特徴を体験的にクローズアップしてくれた興味深い論文である。

コメントはさけておきたい。論文を読んでいただき、読者がそれぞれの感触を大切にして、何かをつかんでいただければ、畑中も村山もとてもうれしいことである。

食事をする時以外はそれぞれが好きに過ごしていた。二回とも、どちらかといえば日頃ゼミではあまり話をしたことのない者同士の集まりであり、誰が行くとも、誘い合うともなくその日に都合のよい者が集まったに過ぎない。しかしこの旅は、エンカウンターグループに関する様々な理論など全く必要としない、〝これこそがエンカウンターグループ〟というものであったのだろうと私は思う。そして先生はそのファシリテイターであり、先生の生きておられることそのものがPCA的であるという感じを強く持った。先生は生来そのような方だったのだろうか？　それともこの道におられるうちに、であろうか……？

そのヒントはどうも次のような辺りにありそうである。それは、先生の『弱さの強み』の哲学では、『同時に』、出会いの大切さについて、『そのためには、自分を理解してくれる人、批判しない人、サポートしてくれる人、そういう存在が絶対に必要なんだ』ということが語られた。そのお話からも、先生がなぜグループを大切にされてきたかということや、人が集まる場での気遣われ方や言葉の端々に表れるものがあり、現在の先生の心理臨床家、また教育者としての在られ方に得心するのである。

個人的な想いをもつエピソード二選

私にとって個人的に意味を感じる、先生を表す二つのエピソードがある。一つに、私の博士号取得の審査が近いある日、一通りの作業を終えて先生を駅までお送りする車の中で先生がおっしゃったことがある。『教員っていうのはね、産婆だと僕は思っているんだよ』。その時、私は自分が助産師であることもあり、人が何かを〝産み出す〟ことの手伝いとしての職業上の共通点を先生に見出していただいたように思い、純粋にうれしく思った。しかしその言葉の意味をより深く認識したのは、その後、一年以上たった頃に先生からいただいたメールの中でのことである。その頃、学会誌への投稿に苦戦していた現役のゼミ生二人が、ほぼ同時に採択が決まるということがあった。その報を受けて私もうれしく、折しも村山先生とメールをやりとりしたお返事の中に「産婆術」の言葉が出てきた。先生に許可をいただいて引用する。

畑中さん

メイル、ありがとう。拝見していて、(畑中の学位取得時のエピソードなど) そうだったか、なるほどとうなずきながら、いろいろあったな、など畑中さんの人生の博論作成という過程にお付き合いできた喜びを感じました。その点が大学院教員の醍醐味と感じています。私は教育とは、産婆術と思っています。問題意識、熟成、主役は院生です。○さん、△さん、□さんとそれぞれ違います、でも共通点もある気がします。言語化できませんが。

このお返事を読んだ時、「あぁ、そうか!」と思った。恐らく、以前伺った時には自分が当事者であり、気持ちも高揚していたために浅いところでの聴き取りしかできていなかったのだろう。時が経ってからの先生のメールの言葉は、自分のことから少し距離を置いて〝改めて出逢う〟機会となり、よりくっきりと言葉の意味が理解できた。それは、先生は、ご指導を通じて院生の人生の歩みに伴われ、院生が〝産みだす〟ものや力を、じっと傍でみてきてこられたのだということである。そして先生はまさに私にとっても、私の人生の歩みに伴って歩んでくださった〝産婆〟なのだ。

もう一つのエピソードは、私の博士の学位取得が教授会で審査にかけられた日のことである。先生から報される結果を待っていた時のこと、私は先生の研究室の前におり、先生が廊下の遠くからこちらに戻ってこられる場にいた。私をみつけられても表情を変えずに黙ってこちらに向かって歩いてこられた先生は、私の前で「すっ」と手を出され、『おめでとう。これはあんたのがんばりだよ』とおっしゃった。膝からカクンと崩れそうになりながら、映画のワンシーンのようであったその場面を私は〝絶対に忘れない〟と思った。

文中でも述べた、「それでも先生は私を見捨てない」と信じていたことは、そのものがPCA的な先生の在られ方によるものなのだろうと思う。『あんたのがんばりだ』とおっしゃったのは、単に論文を書くために費やした時間や調べたものの数といったようなもののことではなく、「あなたが、自分の人生のテーマに取り組んだ、これはその結果だよ」というふうに言っていただいたと私は受け取った。それは先生の牧場の〝放し飼いの一頭の牛〟が、自分が〝ここに居ること、在ること〟を確かめることができた瞬間だったように思う。そして他の多くの村山牧場の者たちにもそれぞれにとって同じく存在する、そのように思わせてくださった《Shoji Murayama》によるものなのである。

［初出］
畑中美穂・村山正治（二〇二一）「畑中美穂の村山語録2020Ver.――ゼミ修了生からみた村山正治先生の教育スタイル」『東亜臨床心理学研究』二〇号、一一-二三頁。加筆修正のうえ収録。

M山ism〝雑感〟

花山六佑

不惑を過ぎ、厄年も過ぎ、とうとう私も、他人様の論文を指導するなどという仕事に手を染めてしまうようになった。自分の論文すらままならないのに、他人様の論文を指導するなんて、そんな大それた身分でないことは百も承知であり、おこがましいことこの上ないのであるが、これもお役目とあらば仕方がない。

しかし、実際問題、学生が持ってくる卒業論文のテーマには日々頭を悩ませている。曰く、「少年犯罪の原因とは」、曰く、「児童虐待の原因と解決」、曰く、「解離性障害〜多重人格〜の病理と対処」等々。私には見当もつかない希有壮大で雲をつかむようなテーマに日々接していると、「何かこれなら、自分で書いた方がよっぽど楽じゃん？」という気になってくるから不思議である。「生活習慣病予防のために〜大学生の食生活から〜」そういう学科じゃないって……。

そういう苦労の中で、最近しみじみと、自分が卒業論文を書いた頃のことを思い出す……。

私が卒業論文を書いたのは、知る人ぞ知る、M山先生のゼミだった。M山先生の学生指導における方針は、色々な言い方はあると思うが、喩えて言うと、「放牧」つまり「放し飼い」のようなものであった。飼育舎に囲い込んでせっせと餌を与えるブロイラーではなく、野山を自由に駆けめぐり、雑草やミミズをつつく、地鶏の飼育である。時にはネコに襲われそうになることさえ、ある

（苦笑）。

余談だが、以前あるグループでご一緒したときに、「ファシリテーターも養殖よりは天然物がいいなぁ……」と言って大笑いしておられたM山先生を、懐かしく思い出す。

あの、懐の深さは、一体どこから来たのだろうか。

私には、できません。M山先生のような、学生指導が。こう書いてきて不思議なのは、「M山先生のような指導ができない」自分が、さほど、嫌（苦痛）ではない。普通こういう文脈の中では、「自分の指導教員が自分をそうしてくれたようには、自分は学生に接することができない」というところで、何らかの罪悪感や後ろめたさを感じても仕方のないところなのであるが、それが、ない。私は果たして、厚かましいのであろうか？　そうではないと思う。多分？

これこそが、実はM山先生の指導の、神髄（真骨頂）なのではないか、と、最近思うのだ。M山先生のご指導を長年にわたって仰ぎながら、一方で「M山先生のマネをしなくたっていいんだもん！」「M山先生と同じようにできなくったって（しなくったって）いいんだもん！」と思っている自分がいるのである。

確かに、M山先生のご指導は、M山先生のコピー（分身）を作ることを目的としてはいなかった。小M山を作ることを、目的とはしていなかった。はからずも、M山先生が数年前に出版された御著書のコラム欄に、Myama-ism01「ナンバーワンよりオンリーワン」と掲げられているではないか。先生はまさにこのことを、言葉の上だけでなく実践の中で、実行されていたのだろう。

最近、ロジャースについて話をさせていただく機会があった（これまたもっておこがましいが……）。その準備をしながら思ったこと。「自己実現」という概念があるが、あれって、例えばこういうことなんじゃないだろうか。

私たちの遙か前方を歩いている、ロジャースという人がいる。その人の後ろ姿を追って、背中を追って、遠く後から追いかける。その気配に遙か前方で気付いたロジャースは、笑顔で振り返って何気ない話にこういうのだ、「僕の歩いた道をどこまで辿ってきても、大して良いことなんか無いんですよ。あなたの道は、あなたご自身で探してください。それじゃあ、Good Luck!」

そうしてM山先生の背中もまた、同じことを語りかけてくれているようだ。

最近軽いデジャヴを感じた。オバマ大統領である。TVに出るオバマさんは時々、ノーネクタイである。ライオンヘアの人が「クールビズ」とか言って、取り巻きの人たちが一斉に乗り遅れまいとノーネクタイ姿になったのとは違う、自然な姿である。あの、周りに囚われない自然なノーネクタイ姿を、どこかで見たことがある。十年前（いや、正確には二十数年前だ、さばを読むにも程がある……笑い）。

何かの中間発表会か何かで、きちんとネクタイをお締めになったそうそうたる先生方がずらっとお並びになっている中で、あの方だけは、ノーネクタイであった。そうして拙い私の発表をもっとも熱心に頷きながら耳を傾けてくださっていたのも、あの方だった。

オバマさんを見て、やっと時代があの時のM山先生に近づいてきた。そんな気がした。

そう、M山先生は、いつも時代の遙か先端を歩いて行かれる。それを追うのはたやすいことではない。M山先生の言ったこと、やってたことを、私が「なるほど」と実感するまでには、このように、時間がかかる。

しかし、自動車教習所で教わったことが、今頃になって役に立つ。「運転するときは、遠くを見なさい。近くを見て運転するとハンドルがとられてタイヤがぶれるんだよ。」

M山先生、いつまでもどこまでも、遠くを歩き続けてください。

僕らも先生の背中を見ながら、自分の道を探し続けます。

※この文章はフィクションであり、実在の卒業論文とは何の関係もありません。

[初出]
花山六佑（二〇一〇）「M山-ism〝雑感〟」『エンカウンター通信』四〇〇号記念特集号、一六二―一六三頁

村山正治先生との幸運な出会い

安部恒久（福岡大学名誉教授）

本当に幸運なことに、私は一九七四年四月に九州大学大学院に入学するが、この年に、村山正治先生がCSP（center for studies of the person）でのアメリカ留学から帰国され、教養部から教育学部に異動し、着任された。

アメリカ帰りの村山先生は、若く、輝いており、話を聞けば、エンカウンターグループという心理的成長を目的としたグループ体験を学んで帰国されたとのことであり、大学院での指導をお願いすることになった。

村山先生に、最初に会った日から五十年ほどたった今でも、私は大学院で村山先生に会ってよかったと、しみじみ思う。その主な理由を二つだけ、記しておこう。

村山先生は権威から自由であった

当時、学生の風潮として、権威に物申すという態度が顕著であったが、村山先生は、権威から自由であった。指導教員として、私を教員と学生という狭い枠のなかに押し込めることをしなかったし、あなたは私の弟子だという態度もとらなかった。私の好きなことを、私の好きなように、やらせていただいた。
私も、後に教員となり、学生の指導をすることになるが、学生が好きなことを好きなようにすることを見守ることほど、教員にとって難しいことはない。教員の気持ち（本音？）としては、教員の好むことを、教員の好むようにやってくれる学生のほうが、ある意味で、楽である。でも、それでは、学生のパフォーマンス（業績）はあがっているように見えるが、学生自身のオリジナリティ（個性）は育たないということを、村山先生は、よく、わかっておられらた。

村山先生は、人とのつながりを大切にするひとであった

村山先生が教育学部の大学院に来られてから、大学院はそれまでになく活気づき、最終講義の講演録に、以下のように掲載されているように、村山先生は精力的に活動された。

エンカウンターグループやフォーカシングの拠点としてだけでなく、心理教育相談室の充実と拡大、『心理臨床学研究』の創刊、日本心理臨床学会、日本人間性心理学会の創設参加、『人間性心理学研究』編集局長就任

（村山、二〇〇五）

村山先生とこれらの活動を、いっしょに過ごさせていただいたことで、ＰＣＡとはどのようなも

のなのか、その実際を体験として学ぶことができた。それは私だけではない。村山先生が毎週開催されていたリサーチ研究会や福岡人間関係研究会には、他のゼミや他の大学の人など、多様な人々が参加していた。

とにかく、参加する人の価値観を尊重し、いっしょに学ぶということを原点に、人とのつながりを大切にする先生であった。

［初出］
安部恒久（二〇二一）「自己の居場所を求めて」『人間関係研究』二〇号、五九-六三頁

終章

私の人生体験から学んだこと

学んだ人間知

人や本との出会いが私の人生の可能性を拓いてきた

これまで本書で記述してきたように、私の人生には多くの貴重な出会いがあった。そのたびに私は自分が生きる方向のヒントを得てきた。中学時代の体育の先生から京大人文研の桑原武夫教授の話を聞いて、京大進学の気持ちが動いた。

京大教育学部時代の優れた先生方、先輩達、人文研の上山春平先生、京大図書館で読んだ武谷三男先生の「新しい哲学論」に、朝永振一郎「鏡の中の自分」というエッセイなど挙げればきりがない。予備校の数学教師の早見先生もそうである。また、エンカウンターグループで出会った多くの参加者とファシリテーター仲間、クライエント、友だちから沢山のことを学んで来た。

私たち一人ひとりがオンリーワン

「オンリーワン」とか「自己実現」という言葉を使ってきたが、どうも日本社会では、それは「偉い人になること」「傑出した人にならねばならない」という受け止めがされやすいことに気づいた。しかし、私の主張はそうではない。

私たち一人ひとりがそれぞれ私という他の誰にもできない生を生きていること自体が「オンリーワ

ン」なのである。私たちの一人ひとりが自分の人生の専門家であることを自覚してきている。

人間は一人ひとり違っていい。自分自身でいいのだという視点が大切である

同調性圧力の強い日本の社会の中では、他人と違っても大丈夫であると感じることは難しい。しかし、それを自分自身に許していくほど生きることが楽しくなってくることを実感してきている。自分に許すことが大切である。これもEG体験から学んできた。

迷いや葛藤は自分自身になる大切な入り口である。大切に付き合いたい

今振り返ると、安心して迷える心理的・制度的環境が私の在籍した当時（一九五〇年代）の京都大学には備わっていたと思う。私の場合、「哲学をやりたい」だったが、大学時代にその具体的意味、私にとっての意味の探求に費やした。第一章で書いたとおりである。

心理的安心感が必要である

幸い〝迷い〟のプロセスにあるとき、不思議と私は〝死にたい〟という気持ちになっていなかった。「批判しない」「安心」「自分を話せる場」「見守ってくれる人」に私は守られていたからだった。ロジャーズのカウンセリングは、自分自身のありのままを表現し、受け入れられると、自己受容が起こるといっている。

それはプロのセラピストだけでなく、親、友人、教師などの関係の中でも起こることである。

自分の感触を大切にしたい。からだに聴く

私には感触という言葉がピタリ来る。感じて、からだの声に耳を傾けるという意味である。体験過程というジェンドリンの用語に近い。「忖度」という言葉の「他人の気持ちをおしはかる」漢語的表現（新明解国語辞典）とは異なる。場の感じ、体の感じに注目がポイントである。

私自身の持ち味を生かして生きてきたこと

パイオニアが好きである

一九六三年に京都カウンセリングセンターに就任したが、これは日本の地方公務員として初の専任カウンセラー職であった。

一九六〇年の不登校児への訪問面接において、不登校中学生は当時、来談しないので母親だけの面接だった。京大臨床相談室のカウンセラーとして日本ではじめて訪問面接を行ったらしい。

一九六七年、キャンパスカウンセラーでありながら、教授にも昇任できる教養部助教授に就任したのは日本では初めてである。昔、キャンパスカウンセラーは学生部所属、万年助手として位置づけられていた。つまり正式な教授職としてではなく、事務職の位置づけ、ランクが一段下だったのである。

今でもその傾向は残っている。

日本心理臨床学会、日本人間性心理学会の創設に参加している。一九六〇年代にアメリカを中心に発展した世界的な転換期で、エンカウンター・グループは、人間開発運動、自己実現運動として起爆剤になった。事例研究を研究として認める科学観の実現に貢献した。人間を広い立場から捉え、社会学、心理学、人類学、哲学など幅広い層の学者が集まって新しい人間学の学会創設に動いた。日本心理臨床学会では常任理事、第一回大会事務局長、日本人間性心理学会では編集局長を務めている。

なぜか、新しい時代の流れを創っていくことに関心が動いていく自分を感じている。

時代精神の流れに敏感

一九六〇年代のアメリカ学会体験、九大時代のロジャーズ研究所留学、一九八〇年代の文科省在外研究員として、UCLA、英国サセックス大学、さらに、PCAEXCCT学会大会参加によるドイツ、英国、ベルギーなどに短期間滞在して世界の動向に注目してきた。最近では、仲間とフィンランドケロプタス病院でのOD研修、などの体験を持っている。

これらは、学会発表、EG体験学習などを通して世界の心理学の動向、仲間との接触体験から、これからの人類、人間がどちら方向で動いていくのか、日本文化、社会と欧米文化、社会の比較などの体験を積んできた。特に一九七二年からのロジャーズ研究所訪問研究員の体験は私の研究だけでなく、生活、人生、全体に大きな影響を与えてきている。この好みは生涯続いていく傾向と感じている。

文献学習とともに私自身の感触に、からだの感じにも傾聴している。

新しい臨床心理学大学院設置と院生の教育に関与

大正大学臨床心理学、九州大学大学院、久留米大学大学院、九州産業大学大学院、東亜大学大学院など新しい臨床心理士養成大学院の設置に関与してきている。これは日本臨床心理学会、日本臨床心理士資格認定協会の設立初期に関与したことである。博士前期課程院生たちを二百名、博士学位取得者を二十名程度生み出している。現在も東亜大学大学院で院生教育と日々格闘している自分がいる。

それを教育でなく耕育と呼んでいる。

種まき屋――デジタルよりアナログ志向

私のことを「種まき屋」とよんでいる人がいる。確かに私の生きてきた道を振り返ると、ロジャーズや、ジェンドリンを日本に招待して、当時日本に必要だったこと、私が学びたいと思ったことを細々と声にして出した。すると少人数の共鳴者の方々が現れた。その人たちとできることを実行してきた。ジェンドリンを日本心理学会大会の招待講演者に招待したとき、第一候補だったアメリカの心理学者が欠席となり、結果として、私が出した第二候補のジェンドリンの招待が実現したのである。種のないところには芽は生えないのである。

先日も、昔、エンカウンター・グループに参加していた人物と、十五年ぶりにZoomEGで話しをする機会があった。何と、彼は私たちとは独自に、大阪で月に一回の月例会ＥＧを十五年も継続していることを知った。また種まきやさんが育っていたのである。

私の仕事は、農作業、畑仕事に似ている気がしている。種をまく、水をやり、栄養を補給すると、本来備わっている本人の成長力で育っていく体験をしている。

ネットワーク創りが好きである

「福岡人間関係研究会」というＥＧを媒介とした宿泊ワークショップと福岡市で開催してきた月例会という新しいＥＧコミュニテイを創設して五十年活動を展開してきた。広井良典のコミュニテイ論によれば、「テーマコミュニティ」と「地域コミュニティ」をつないだユニークな組織である。しかも、参加者が自分の地域で活動を展開する対等なネットワークである。福人研とは支部対本部の関係ではなく、各ネットがフラットな関係にある。

日本フォーカシング協会、学校臨床心理士ワーキンググループ、ＰＣＡＧＩＰネットワークなどを形成していき、それらの中での私の果たしてきた役割は中心的存在ではなく、ファシリテーターとして動いているときが一番調子のよいときである。

「地図と現地」は異なる

今日、院生達と学習会を開いていると、理論イコール現実という認識が多いのに驚くことがある。

理論は地図であり、現実とは異なることを認識していない。

地図は学習しておいたほうがよい。しかし、地図を現実に合わせるという非合理的なことが起こる。地図は現実を理解する有力な手段であるが、現実はたえず変化するので、古い地図を参考にしながら現実に対応しながら、新しい地図を創っていく作業が研究のプロセスではないか。

日本ではじめて取り入れた訪問面接の際、私が地図として準備、参考にしたのはジェンドリンらの統合失調症へのアプローチと、フロムライヒマンの「治すのでなく一緒にいること」などであった。とても役立つ地図であった。私のお守りとして役立った。

EG体験の場とそこから生まれた新しい人間像

EG体験から生まれてくる特徴は自分の感触を大切にすること、自分の感触が信頼できることに気が付くことである。社会学者の日高六郎は、日本社会を支配した生きる原理について、戦前から太平洋戦争の敗戦までを「滅私奉公」の時代と呼んでいる。「欲しがりません、勝つまでは」など自分を殺して「国家のため社会のため尽くすこと」であったという。敗戦後アメリカから民主主義が入ってきて、「滅公奉私」で自分のことしか考えなくていい「利己主義」が中心になったと分析している。自分自身の感触に気がつくことは、利己主義でもなく、利他主義でもなく私は「バラバラで一緒」という在り方を提案している。

新しいグループ観では集団主義でなく、個人ファーストを唱えている。一致団結でなく、一人ひとりが別でつながっていく新しい人間のあり方を提唱するネットワーク論である。

(1) ファシリテイターから守られ見捨てらない安全な場所である。
(2) 楽に呼吸ができる場である。
(3) 参加者一人ひとりが自分のよいところを見つけ、自己肯定感が高まる。
(4) 自分と異なる考えの人や生き方をする人達と接して、そのままを受容することのむつかしさを学ぶ。
(5) われわれを縛っている「ねばならない」「べき」の価値から距離を取ることを学びこのままの自分を受容する。
(6) どうにもならない現実と付き合うヒントを得る。
(7) 解答がなくても歩いていけることを学んだ。
(8) もう少し迷ってみようと焦らなくなる。ちょっと余裕が出てきた。
(9) 他人を頼ってもよい。自分の弱みを人に見せてもここでは安心できるし、批判されない。
(10) 苦しみながら、何かが生まれてくるのを待つことができるようになってきている。

これらの本質は「ネガティブケイパビリテイ」と共通点が多い。

弱さの強み

自分の弱さ、つまり、できないことをきちんと受け入れることができると、気にしている自分の弱点があってもこだわらなくなるということが起こる。弱点が変化していなくても、そのままあっても気にならならなくなるという「治り方」である。フォーカシングでいう「距離を取ること」に似ている。日本のことわざに「なくて七癖」がある。だれでも変な癖、他人と異なることをたくさん持っているというような意味である。

自分の弱点を受けいれることは、私の場合はエンカウンターグループ体験で学んだ。私のうまくいかないファシリテイションに「ムラヤマサンそれでいいのだ」というフィードバックをたくさんいただいた。

弱点にこだわらなくなると視野が広くなる。安心して人を頼れるようになる。できない自分を表現できる。

私は平成七年から始まった文部科学省のスクールカウンセラー事業で臨床心理士側を代表する学校臨床心理士WGの代表に選ばれた。そのときの体験であるが、学校臨床心理士が派遣校内で活躍するガイドラインの作成が初めの仕事であった。しかし私はキャンパスカウンセラーしか体験がなかったのである。私立中・高校でカウンセラー体験がある臨床心理士、校長経験者、緊急支援の専門家、SV体験者、文科省との交渉力のある人など多様な専門家を集め、検討会をもち、七項目のガイドラインを設定した。学校場面で起こりうる多様な場面を想定してのことである。生まれてきたガイドラインの第一原則は「柔軟に対応」であった。心理臨床の専門家に必要なことは、この柔軟性である。ある人は校長のコンサルテイションを一年間行った。ある人はSC通信を発行してPRを行った。つまり派遣先の学校のニーズに応じた対応をしたのである。この結果、二年目からは現場からSCの派遣要望が一気に増大し、SC事業が軌道に乗った。今振り返っても、大成功を収めたと言ってよいのではないかと考えている。

人生、無駄になることはなにもない。どこかでつながってくる

八十八歳になる老人が言う言葉だと思う。若い人には理解しがたいと思う。第一章で書いたように、私は哲学者を選択せず、カウンセラーを選択した。英語、ドイツ語を勉強し、それなりに図書館に通って哲学書も読んだ。努力はしてみたのであるが、その方向へ進むことは四年間もかけて「NO」と出た。

ところがカウンセラーになって実践を積み、それを論文化したりするなかで、論文の哲学的意味をつい考えてしまう習性が自分にあることに気づく。哲学者ではないが、哲学的思考、哲学することを実践している自分がいるのに気づかされる。こういうとき、学部・大学院時代の迷いながらの哲学的訓練は役立っているなと感じる。

九重EGのオーガナイザーをしていているとき、規定時間に遅れる行動をしている他グループの参加者の一人にクレームをつけたことがある。その人を深く傷つけてしまった。幸い、尚子（九重EG

のスタッフでもあり、長年私とは同志である妻）とその方との関係が良好であったため、私ともつながりは保たれていた。あるとき、ピカジップの会で話し合うことができ長年のわだかまりが解けた。すぐに解決しないことでも、ある機会が来るとつながりが回復することがしばしばある。これは長年生きている老人の特権であるかもしれない。

これからの方向

私は「ビジョンワーク」という体験ワークを創って実践してきた。最後にその体験ワークを基にして自分自身のこれからのビジョンを表現してみたいと思う。

(1) 東京一極集中への抵抗。福岡から発信していきたい。福岡人間関係研究会活動の例などを発信しながら。

(2) 北欧モデルへの関心。これまでアメリカ中心だったが、フィンランド、OD、病院内研修などで一週間研修旅行をし、フィンランド文化に強く魅せられた。市民の幸福そうな顔が印象的であった。

(3) ロジャーズの本を書きたい。類似の著書はあるが、ロジャーズの思想を生きていることを書いていきたい。

(4) 私自身のワークを映像化して教材として残したい。今も試みているが、動画レベルの参加者の公開許可を取って実現したい。

(5) バンドを結成したい。幼少時期の環境から、演歌、ジャズのレコード音楽などたくさん浴びながら育ったから。

(6) 新しいパラダイム開発と創造への関心。人類の一大転換期に生きていると感じているので新しいパラダイムを探し求めている。特に、文化人類学、生命科学、動物生態学などに関心を持っている。

(7) 現実の仕事や生活面のことについて。私と妻尚子も年を重ねている。二人で仕事や生活の両面を二人三脚で取り組むプロセスを工夫しながら歩みつつある。

人生は自分自身になるプロセス・変化のプロセスである

ロジャースによれば、「人生は私の体験を流動的に解釈し、理解することによって導かれるものである。人生とは常に生成のプロセスにあるものである」と書いている（Rogers, 1961／邦訳、三二一頁）。

本書もこのロジャースの文章をひいて筆をおきたい。

〔文献〕

Rogers, C.（1961）. On becoming a person. In H. Kirschenbaum & V. L. Henderson（Eds.）.（1989）. *Carl Rogers reader.*
村山正治（訳）（二〇〇一）「私を語る」伊東博・村山正治（監訳）『ロジャーズ選集（上）』誠信書房

〔書き下ろし〕

あとがき

二〇一九年の関西産業カウンセリング協会からの招待講演が好評で、翌年また招待を受けました。私はその講演記録を出版したいと思い、目録を持って誠信書房の中澤編集部長さんと東京でお会いしました。その後、出版の承諾をいただいたのが二〇二〇年の十二月でした。早速、講演記録を誠信書房さんに作成してもらい、その記録を読んだ私は、いっそうのこと、伝記的な私の歩みに拡大したい気持ちになってしまいました。

編集担当が楠本龍一さんに決まって、編集がはじまりました。気がつくと初校をお渡ししたのが二〇二二年七月。なんと二年が経過してしまっていたのです。楠本さんの忍耐強いサポートと激励のお陰でやっとたどり着いたものです。心から感謝申し上げます。

この間、細かい緻密な訂正とパソコン入力を続けてくれた妻尚子のお陰で本書が世に刊行される運びとなった次第です。尚子と楠本さんのお二人に心から感謝申し上げます。

内容的には、私の人生の大学時代（一九五四年）から八十八歳の、迷いの時代から現在までの航跡を「私のカウンセラー修行」としてまとめることができました。本書は狭義の学術書ではないということもあり、楠本さんのご提案で縦組みにすることによって、全体として「エッセイ集」としてまとまってきました。

私のこれまでの人生を整理してみますと、人生は山登りのようなものにも思えてきました。ここまで登ってみると、また次に登りたい、歩いてみたい山が見えてくるから不思議なものです。これからは妻の尚子と二人三脚で、登れるところまで行ってみたい気持ちです。

ＰＣＡモデルで表現してみると、私の人生は、小さな小さな静かな革命と感じられてきました。改めて振り返ってみると、一九六八年の大学紛争に出会ったことが、私のその後の方向に大きなインパクトを持ってきていることに気づきました。私にとっては「静かな革命家」はロジャーズへの愛称です。スケールはまったく異なりますが、私も一九六八年以降は静かな革命家としての道を私なりに大切にしてきたことがわかりました。

読者のみなさまには、私の航跡をごらんいただき、それぞれご自分の人生を歩まれる途中で少しでも参考にしていただけるとすれば、著者にとって望外の喜びです。

二〇二二年十月

村山正治

著者紹介

村山正治（むらやま　しょうじ）

1958年　京都大学教育学部卒業
1963年　京都大学大学院教育学研究科博士課程単位取得退学
　　　　京都市教育委員会カウンセラー，九州大学教養学部助教授，九州大学教育学部長，九州大学心理教育相談室長などを歴任（教育学博士）
現　在　東亜大学大学院臨床心理学専攻教授，九州大学名誉教授

主要編著書
『エンカウンターグループとコミュニティ』（1993年，ナカニシヤ出版），『臨床心理士のスクールカウンセリング　3』（共編著，1993年，誠信書房），『ロジャースをめぐって』（2005年，金剛出版），『新しい事例検討法 PCAGIP 入門』（共編著，2012年，創元社），『現場で役立つスクールカウンセリングの実際』（共編，2012年，創元社），『「自分らしさ」を認める PCA グループ入門』（編著，2014年，創元社），『心理臨床講義』（共著，2015年，金剛出版），『スクールカウンセリングの新しいパラダイム』（2020年，遠見書房），『どこへ行こうか，心理療法』（共著，2022年，創元社），他多数。
主要翻訳書
ジェンドリン『フォーカシング』（共訳，1982年，福村出版），H. カーシェンバウム，V. L. ヘンダーソン『ロジャーズ選集（上）（下）』（共訳，2001年，誠信書房），『ロージァズ全集』全23巻（共編訳）岩崎学術出版社，他多数。

私《わたし》のカウンセラー修行《しゅぎょう》
——村山正治心理臨床《むらやましょうじしんりりんしょう》エッセイ集《しゅう》

2022年 11月 20日　第 1 刷発行

著　者　村山　正治
発行者　柴田　敏樹
印刷者　藤森　英夫

発行所　株式会社　誠信書房
〒112-0012 東京都文京区大塚 3-20-6
電話 03（3946）5666
https://www.seishinshobo.co.jp/

印刷/製本　亜細亜印刷㈱
検印省略　　落丁・乱丁本はお取り替え致します
ISBN978-4-414-40381-7　C3011　Printed in Japan